디자인씽킹,
비즈니스 현장을 겪다

디자인씽킹, 비즈니스 현장을 겪다

초판 1쇄 인쇄 2024년 3월 18일
초판 1쇄 발행 2024년 3월 25일

지은이 손일상 양경목 윤영웅
기획 장동원 이상욱
편집 오윤근
디자인 위하영
제작 제이오엘앤피

발행처 워터베어프레스
등록 2017년 3월 3일 제2017-000028호
주소 서울시 강서구 마곡서로 152 두산더랜드타워 B동 1101호
홈페이지 www.waterbearpress.com
이메일 book@waterbearpress.com
ISBN 979-11-91484-20-5

* 책값은 뒤표지에 있습니다. 잘못 만들어진 책은 구입하신 곳에서 바꿔드립니다.

혁신적 아이디어는 어떻게 현실에 구현되는가?

손일상·양경목·윤영웅 지음

1부 비즈니스 디자인씽킹 YES와 NO
| YES | NO | 기본 구조 21

2부 비즈니스 디자인씽킹 방법론
1. 방향 설정 45
2. 고객 공감 53
3. 니즈 정의 61
4. 아이디어 발굴 65
5. 프로토타입 제작 75
6. 평가 및 피드백 83

3부 비즈니스 혁신 사례
1. 하이퍼로컬 커머스 신사업 기획(유통) 91
   - 현장으로부터의 편지 1: 초라했던 내 첫 워크샵
2. MZ세대 메타버스 플랫폼 기획(금융) 104
   - 현장으로부터의 편지 2: 공감을 위해서는 속도를 포기할 수도 있다
3. 데이터 서비스 신사업 기획(IT) 120
   - 현장으로부터의 편지 3: '아니오'라고 말해야 할 때
4. IoT 서비스 사용성 개선(전자) 134
   - 현장으로부터의 편지 4: 마지막까지 마음을 놓아서는 안 되는 한 가지
5. 디지털기기 건강 관리 기능 기획(전자) 145
   - 현장으로부터의 편지 5: 빌런은 어디에나 있다
6. 온라인 커머스 고객 불만 개선(유통) 157
   - 현장으로부터의 편지 6: 의외로 너무나 중요한 스킬 하나
7. 인공지능 기반 업무효율화(제조) 167
   - 현장으로부터의 편지 7: 팀원의 능력을 믿어라
8. 데이터 기반 금융 서비스 기획(금융) 179
   - 현장으로부터의 편지 8: 디자인씽킹은 결국 인간을 이해하는 일이다
9. 핵심 인재 디지털 혁신 역량 육성(제조) 191

디자인씽킹을 통해
사람이 주인공이 되고
사람을 위한 혁신이 되는
사람 중심의 비즈니스 환경을 꿈꾸며

목차

감사의 말   8
시작하며   10

▼1부
비즈니스 디자인씽킹 YES와 NO

1. 비즈니스 디자인씽킹의 YES   21
2. 비즈니스 디자인씽킹의 NO   33
3. 비즈니스 디자인씽킹의 기본 구조   37

▼2부
비즈니스 디자인씽킹 방법론

1. 방향 설정   45
2. 고객 공감   53
3. 니즈 정의   61
4. 아이디어 발굴   65
5. 프로토타입 제작   75
6. 평가 및 피드백   83

▼3부
디자인씽킹을 이용한 비즈니스 혁신 사례

1. 하이퍼로컬 커머스 신사업 기획(유통)   91
   - 편지 1: 초라했던 내 첫 워크샵

2. MZ세대 메타버스 플랫폼 기획(금융)   104
   - 편지 2: 공감을 위해서는 속도를 포기할 수도 있다

3. 데이터 서비스 신사업 기획(IT)   120
   - 편지 3: '아니오'라고 말해야 할 때

4. IoT 서비스 사용성 개선(전자)   134
   - 편지 4: 마지막까지 마음을 놓아서는 안 되는 한 가지

5. 디지털기기 건강 관리 기능 기획(전자)   145
   - 편지 5: 빌런은 어디에나 있다

6. 온라인 커머스 고객 불만 개선(유통)   157
   - 편지 6: 의외로 너무나 중요한 스킬 하나

7. 인공지능 기반 업무효율화(제조)   167
   - 편지 7: 팀원의 능력을 믿어라

8. 데이터 기반 금융 서비스 기획(금융)   179
   - 편지 8: 디자인씽킹은 결국 인간을 이해하는 일이다

9. 핵심 인재 디지털 혁신 역량 육성(제조)   191

마치며   201
비즈니스 디자인씽킹에 도움되는 책들   205

감사의 말

이 책이 나오는데까지 감사할 분이 너무 많다.

그 모든 분들의 이름을 하나하나 언급하고 싶지만 나열하지 않기로 마음먹었다.

이 책을 읽는 독자 관점에서 너무나 고객지향적이지 않다고 생각했기 때문이다(평소 여러 책에서 감사의 글을 읽을 때 마다 독자가 알지 못하는 사람들의 이름을 나열하는 것이 독자가 아닌 저자 관점이라는 생각이 들었다).

하지만 그 모든 분들에게 감사의 마음을 전하고 싶다. 디자인씽킹을 통한 혁신을 경험하게 하고 나를 성장시켜 주신 다양한 고객과 사용자들(제일 먼저 감사드리고 싶다),

솔직한 의견 개진과 피드백을 통해 창의적인 아이디어를

토해내셨던 워크샵 참여자들(거의 토하실뻔 하셨을 거다),

고객 공감을 위해 고민하고 스프린트 과정에서 도출된 아이디어 씨앗을 발전시켜 거목(솔루션)으로 성장시키느라 열정을 바친 내 스프린트 동료들,

인간에 대한 깊은 성찰과 인간관계에 대한 진지한 고민을 함께 해주는 내 친구들,

인사에 대한 지식뿐만 아니라 인사의 철학을 일깨워 주신 은사님,

상대방의 관점에서 생각해야 올바른 판단을 할 수 있다고 일러주신 어머니,

마지막으로 항상 사용자 관점에서 내게 아이디어를 툭 던져 주는 든든한 아내와 디자인씽킹이라는 단어만 나오면 내게 창의적인 서비스 아이디어를 쏟아내는 사랑하는 딸 예은,

이 모든 분들께 깊이 감사드립니다.

2024년 1월 손일상

시작하며

컨설팅 회사를 다니던 9년 전, 우연히 찾아온 기회가 많은 것을 바꾸었다. 당시에 소속된 조직의 리더가 해외에서 진행하는 디자인씽킹 교육에 다녀오라고 지시했을 때, 내가 처음 했던 말이 아직도 생생하다.

"전 디자인을 하나도 모르는데요?"

디자인씽킹은 아주 간단하게 말하면 '디자이너designer'의 마인드를 제품과 서비스를 기획할 때 반영하자는 생각이다. 여기서 디자이너의 마인드는 '예술가artist'의 마인드와 대비하면 그 의미가 뚜렷해진다.

나는 네덜란드의 화가 빈센트 반 고흐Vincent van Gogh를 좋아하는데, 〈별이 빛나는 밤〉을 볼 때마다 시대를 초월해 감동을 전하는 그의 독창성에 감탄하게 된다. 어떻게 정적인 밤하늘을 격렬한 파도가 물결치듯 표현할 생각을 했는지 놀라울 따름이다. 이 놀라운 작품은 어떻게 그려졌을까? 전후 사정을 정확히 알 수는 없지만, 한 가지는 명백하다. 누군가가 원해서 만들어진 창작물, 비즈니스 언어로 풀자면 고객의 니즈를 충족시키려는 작품은 아니다.

디자인은 이와 다르다. 고객의 의뢰를 받아서 만들거나 미래 트렌드를 생각해 사람들이 구매해서 사용할 만한 제품을 만드는 것이 디자인이다. 어느 유리 세공사가 초등학교 친구들과 술파티를 하려고 하는데 그때 재밌게 술을 마실 수 있는 잔을 만들어 달라는 주문을 받고 술잔을 만든다면, 이는 예술이 아니라 디자인이다. 명품 브랜드 샤넬의 설립자 가브리엘 보뇌르 샤넬 Gabrielle Bonheur Chanel이 여성의 사회적 활동을 제약하는 기존의 불편한 여성복에 반기를 들고 거추장스럽지 않고 움직이기 편한 여성복을 만든 것도 예술이라기보다는 디자인이다.•

결국 디자이너는 사용자의 고충 해결과 니즈 충족을 생각해서 제품, 즉 솔루션을 기획하는 사람이며, 디자인씽킹은

• 이 책에서 디자인과 디자인씽킹의 개념을 길게 소개할 수는 없다. 원론적인 내용이 궁금하다면 Don Norman, The Design of Everyday Things, Basic Books, 2013(번역서: 도널드 노먼, 《도널드 노먼의 디자인과 인간 심리》, 박창호 역, 학지사, 2016.)을 참조하라.

이 디자이너의 자세를 비즈니스 현장에 적용하려는 방법론이다. 그래서 디자인씽킹에서 '고객 중심'이 강조된다.

여기서 한 가지 의문이 생긴다. 그럼 디자인씽킹이 등장하기 이전의 비즈니스는 '고객 중심'이 아니었다는 말인가? 당연히 그렇지는 않다. 나만 해도 커리어를 시작했던 20년 전부터 지금까지 '고객 중심'으로 일해야 한다는 말을 수 없이 들어왔다. 그렇다면 디자인씽킹은 무엇이 다른가?

디자인씽킹의 차별성을 몇 가지로 나눠서 설명할 수는 있겠지만, 그보다는 내 경험을 소개하는 편이 나을 것 같다. 9년 전, 회사에서 보내주었던 디자인씽킹 교육은 디자인씽킹은 물론 디자인이라는 용어조차 이해하지 못한 내게 충격이었다. 일단 PC 사용이 금지됐다. 참가자에게 주어진 것은 책상 위의 포스트잇과 각종 펜뿐이었다. 그리고 주변에는 하얀 벽과 화이트보드만이 가득했다. 배포되는 교재도 없었다. 그저 강사의 지시에 따라 포스트잇을 마구마구 작성했다. 구두로 토론하는 기회는 그 이후에 주어졌다. 말 그대로 "덜 말하고, 더 써라Less Talking, More Writing"였다.

재미있는 활동들이 계속됐다. 포스트잇을 쓰고, 붙이고, 논의하고, 옮겨 붙이고, 모아 붙이고, 새롭게 추가하고. 여러 흥미로운 활동들에도 불구하고 가장 인상 깊었던 것은 그 모든 단계가 한 가지를 향했다는 점이다. 고객이 어떤 경험을 하고 있는지, 무엇이 결핍되어 있는지, 정말로 필요한 경험은 무엇인지. 모든 기준은 철저히 고객이었으며, 나를 버리고 빙의憑依라는 표현이 어울릴 만큼 고객에게 집중했다. 디자인씽킹 과정을 따라가니 어느덧 내가 누구인지 잊고 대상 고객이 되어 갔다.

그렇게 만들어진 마지막 결과물은 더 놀라웠다. 손으로 끄적인 포스트잇 몇 장이 다인데, 그 어떤 현란한 파워포인트를 이용한 회의보다 명확한 솔루션이 나온 것이다. 고객에게 어떻게 몰입할 것이고, 어떻게 솔루션을 도출할지 아주 구체적으로 제시해주었다. 중요한 것은 '어떻게'였다. 좀 더 정확히 말하면 '고객은 왜?'였다. 결국 디자인씽킹은 '고객 중심'을 비즈니스의 전 과정에 걸쳐서 한층 더 강조하는 비즈니스 철학인 동시에 그것을 어떻게 할 수 있는지를 안내하는 방법론이다.

나는 디자인씽킹 교육을 받은 이후 지금까지 그 방법론을 활용해서 비즈니스 컨설팅을 했다. 솔직히 최초 2년은 시행착오(좀 더 정확히는 실패)가 더 많았던 거 같다. 디자인씽킹을 깊이 있게 이해하지 못한 채 몇 가지 활동과 도구만 어설프게 적용했다. 글로벌에서 제공한 디자인씽킹 자료와 매뉴얼을 수차례 읽고 관련 서적을 많이 읽으며 나름대로 노력을 했지만, 결국 글로벌 가이드를 따라가는데 급급해서 한국 기업 현장에 맞지 않는 방식을 사용하기도 했다. 다양한 경영 혁신 방법과 컨설팅 스킬을 함께 적용하면 더 큰 시너지가 있음에도 그 당시에는 시도할 염두를 내지 못했다.

디자인씽킹으로의 입문은 즐거웠으나, 현장에 적용하는 과정은 숱한 실패와 시행착오의 여정이었다. 좀 더 철저히 고객 중심으로 접근하고 디자인씽킹 수행 팀 팀웍 관리를 조금만 더 잘했더라면 하는 아쉬움이 있다. 이 아쉬움이 이 책을 쓰게 만들었다. 이 책을 통해 비즈니스를 혁신하려 노력하는 많은 분들이 나와 같은 시행착오를 최소화하고 더 효과적으로 디자인씽킹을 활용하기를 기대해본다.

이 책 1부에서는 구체적인 방법론을 다루기 전에 기업 현장에서 디자인씽킹을 적용할 때 기억하고 주의해야 할 것들을 먼저 짚었다. 디자인씽킹의 철학이나 개념에 대한 친절하고 통찰력 있는 설명은 다른 좋은 책들이 많이 해놓았다. 1부에서 다루는 것들은 비즈니스 현장에서의 경험을 토대로 미리 강조하고 싶은 사항들이라 할 수 있다.

2부에서는 디자인씽킹을 통한 혁신 활동을 크게 여섯 단계로 나누어 설명할 것이다.* 그 여섯 가지는 디자인씽킹

- 이 책에서 제시하는 디자인씽킹 방법론은 내 고유한 방법론이 아니다. 다른 곳에서 사용하는 디자인씽킹 방법론과 용어나 몇 가지 미세한 기법이 다를 수는 있지만, 중요한 건 용어와 단계에 집착하기 보다는 핵심 활동을 이해하고 수행하는 것이다.

스프린트를 시작하기에 앞서 목표를 설정하고 팀을 구성하는 방향 설정Align 단계, 고객(또는 사용자)을 설정하고 그들의 경험 과정과 고충을 확인하는 공감Empathize 단계, 고객의 핵심 니즈를 명확하게 정의하는 니즈 정의Define 단계, 고객 경험 향상을 위한 아이디어를 발산하는 아이디어 발굴Ideate 단계, 아이디어 씨앗들을 모아서 솔루션(또는 시나리오)으로 시각화하는 프로토타입 제작Prototype 단계, 마지막으로 고객과 사용자의 입장에서 의견과 피드백을 반영하는 평가 및 피드백Evaluate 단계다.••

앞에서도 말했지만 이 책은 나처럼 디자인씽킹에 감명을 받고 그것을 현장에 적용하고 싶지만 어떻게 하면 가능한지 고민하는 기업 책임자와 실무자에게 도움이 되고자 썼다. 더 구체적으로는 디자인씽킹을 적용해서 혁신 활동을 진행하고 있는데 잘 되고 있는지 점검하거나 보완하고 싶은 분, 디지털 혁신 조직 또는 신사업 담당 조직에서 새로운 혁신 활동 기법에 관심이 많은 분을 위한 책이다.••• 그렇기

•• 경우에 따라서는 모든 단계가 끝나고 사업화를 위해 보고서를 만들고 발표하는 단계Finalize를 별도로 만들기도 하지만, 이 책에서는 기본적인 혁신 활동을 이해하는 차원에서 이 활동을 별도로 다루지는 않는다.
••• 비즈니스 혁신에 관심 있는 사람들에게도 분명 도움이 되겠지만, 실용적인 가이드를 추구했기에 디자인씽킹 개념을 자세히 설명하지는 않았다. 아직 디자인씽킹 개념이 생소한 분들은 이 책 마지막에 시중에 판매되고 있는 디자인씽킹 개념과 마인드셋을 잘 설명해주는 입문서들을 소개해 놓았으니, 그런 책을 먼저 읽기를 권한다.

에 각 단계에서 참고서처럼 활용할 수 있도록 고려해야 하는 사항들을 목록화하고 각각의 내용을 가능한 상세히 정리했다. 거기에 덧붙여 범하기 쉬운 실수들은 무엇인지, 실수를 했을 때 어떻게 바로잡아야 하는지 등의 팁도 넣었다. 디자인씽킹을 적용하고자 한다면 필요한 시점에 수시로 참고하면 좋을 것이다.

3부에서는 내가 실제로 국내에서 진행했던 디자인씽킹 사례를 소개한다. 책으로 비유한다면 문제풀이집에 해당한다. 한국에서 디자인씽킹 방법론을 적용한다는 것이 어떤 것인지 독자들이 간접 경험을 할 수 있도록 했다. 방법론적인 설명이 아무리 자세해도 그것만으로는 실제 현장에 적용할 때 모호하거나 헷갈리는 지점들이 있을 수밖에 없다. 그런 어려움에 부딪쳤을 때 내 경험이 참고가 되길 바란다. 디자인씽킹에 익숙한 독자라면 3부를 먼저 읽어도 좋을 것이다.

이 책을 쓰면서 아쉬운 점이 하나 있다. 고객사를 직접 밝히고 더 디테일한 내용을 소개한다면 좋았을텐데, 사정상 그럴 수 없었다. 디자인씽킹을 통해 도출된 아이디어 중 창의적이고 참신한 내용이 많아서 무척 유용할 것이기에 소개하고 싶은 마음이 간절하지만, 여러 이유로 아쉽게도 그럴 수 없음을 독자들이 이해해주기를 바란다. 대신 사례에 대해 더 궁금한 내용이 있다면 연락주기 바란다. 직접 연락을 주시는 분들에게는 완전한 내용은 아니더라도, 추가적인 설명이나 에피소드 등은 전달하겠다고 약속한다.*

- 문의사항은 ilsangson@gmail.com으로 연락 바란다.

디자인 예찬, 비즈니스 현장을 뒤집다

I.
비즈니스 디자인씽킹 YES와 NO

1. 비즈니스 디자인씽킹의 YES
  - 처음도 끝도 고객의 관점이다
  - 결국은 사람이다. 적합한 인재를 모아서 추진하자
  - 당연히 사업성도 중요하다
  - 변화 관리가 필요하다
  - 독립된 혁신 전담 조직이 필요하다

2. 비즈니스 디자인씽킹의 NO
  - 워크샵이 디자인씽킹의 전부는 아니다
  - 반드시 창의적이어야만 하는 것은 아니다
  - 공감은 마음만으로 하는 것이 아니다

3. 비즈니스 디자인씽킹의 기본 구조

1. 비즈니스 디자인씽킹의 YES

디자인씽킹은 최근 기업 현장에서 적극적으로 활용되고 있는 디자인 중심의 혁신 방법론이다. 디자인씽킹과 관련한 철학적이고 개념적인 논의는 다른 좋은 책들이 많으니, 여기서는 본격적으로 디자인씽킹 방법론을 다루기 앞서 비즈니스 현장에서 디자인씽킹을 적용하고자 할 때 잊지 말아야 할 것들을 명확히 하고자 한다.

- **처음도 끝도 고객의 관점이다**

디자인씽킹의 중요한 특징으로 '고객 중심, 고객 관점'이 꼽히는데, 사실 비즈니스에서 고객이 중요하지 않은 적은 없었다. 디자인씽킹의 특별함은 '고객의 관점에 서는 것'을 강조한다는 점에서 나온다.* 그렇기에 비즈니스 현장에서 디자인씽킹을 적용해보려는 사람은 지속적으로 고객의 관점에 서려고 충분히 노력하고 있는지를 스스로에게 지속적으로 물어봐야 한다.

고객의 관점에 선다는 것은 기술 구현이 가능한지 비용이 얼마나 드는지 보다는 '고객 또는 사용자가 필요로 하는가'를 최우선의 판단 기준으로 삼는다는 의미다. 다르게 말하면 제품이나 서비스가 고객의 니즈needs를 반영하고 있는가가 중요하고, 이 니즈를 명확하게 파악하는 것이 디자인씽킹에서 그 무엇보다 중요하다.

문제는 고객이 자신의 니즈를 명확하게 알지 못하는 경우도 많다는 것이다. 마음 한구석에 불편함과 바라는 게 있기는 한데, 그게 무엇인지 명확하게 알지 못해서 말하지 못하는 경우는 흔하다. "열 길 물속은 알아도 한 길 사람 속은 모른다"는 속담은 타인을 이해하기 힘들다는 말이기도 하지만, 동시에 자기 자신마저 스스로 이해하기 힘들다는 말이기도 하다. 그렇기에 니즈를 명확하게 파악하는 일은 쉽지 않고 충족되지 않은 니즈unmet needs를 찾는 것은 더더욱 쉽

- IDEO의 디자인씽킹의 정의: 디자인씽킹은 인간을 중심에 둔 혁신 방법론이다. 이는 제품, 서비스, 프로세스, 조직을 발전시키는 방식을 바꾸어주는데, 그 중심에는 고객의 니즈에 대한 이해, 신속한 프로토타이핑, 그리고 창의적 아이디어 발굴이 있다. 출처: https://www.ideou.com/pages/design-thinking

지 않다.

그래서 디자인씽킹에서 공감empathy을 강조한다. 고객의 목소리를 넘어 눈소리, 몸소리, 마음소리까지 모든 오감을 총동원해서 집중할 필요가 있다. 스프린트 에너지의 많은 부분을 고객의 소리를 듣고, 그 속에서 고객 본인도 명확하게 표현하지 못하는 고충에 공감하는 데 에너지를 쏟아야 한다. 그래서 누군가는 고객의 니즈를 이해하는 과정을 브레인스토밍brainstorming과 비교되는 페인스토밍painstorming이라고 표현하기도 한다. 고객의 고충에 집중해 해결책을 찾는 과정을 강조하기 위함일 것이다.

이는 솔루션을 만들고 구현하는 과정에서도 마찬가지다. 결국 디자인씽킹 과정상의 결과물 모두가 고객의 니즈와 매칭되어야 한다. 디자인씽킹 결과에 대한 최종 보고와 사업화 의사 결정은 경영진의 몫이지만, 그 이전에 경영진을 비롯한 모든 이해관계자가 가장 궁금해하는 것은 '진짜 고객이 좋아할까'일 것이다. 성공적인 결과물은 반드시 고객의 긍정적인, 아니 긍정을 넘어 적극적인 지지와 피드백이 있어야 한다. 아무리 스프린트 일정이 바쁘다 하더라도 최종 결과 도출 이전에 고객의 평가와 피드백을 받아야 하며, 좀 더 정확히 말하면 스프린트 모든 단계에서 빈번하게 고객의 의견을 듣는 것이 스프린트 성공의 지름길이다.

- **결국은 사람이다. 적합한 인재를 모아서 추진하자**

디자인씽킹 스프린트에는 의사결정권을 가지고 있는 사람이 반드시 참여해야 한다. 의사결정권자가 임원(스프린트 스폰서)을 의미하는 것은 아니다. 관련 과제의 책임자, 흔히 스프린트 오너Sprint Owner(프로덕트 오너Product Owner라고도 한다)가 가급적 전체 과정에 참여해야 성공적인 스프린트가 될 수 있다. 일상적인 토론 또는 워크샵 과정에서 작은 의사결정이 매우 빈번하게 일어나는데, 방향을 잡아줄 수 있는 스프린트 오너가 있다면 일이 효율적으로 진행될 것이기 때문이다.

만약 과제 책임자가 다른 업무가 많아 스프린트에 참석하지 못하겠다고 주장한다면, 스프린트를 다시 생각해봐야 한다. 그만큼 책임자 입장에서 중요하지 않은 주제라는 이야기일 수도 있고, 시작하려는 방향과 범위가 본인의 생각과 다르다고 느끼기 때문일 수도 있다. 만일 계속 주저한다면 직접 만나서 다른 스프린트 주제 설정을 솔직하게 이야기하는 것도 좋다. 스프린트 오너가 일정상 전 과정에 참여하기 어렵다면, 스프린트의 주요 활동(예, 공감 워크샵, 아이디어 워크샵 등)에는 반드시 참석할 수 있도록 일정을 조율하는 것이 좋다. 특히 초기에 스프린트 주제 및 범위 선정하는 과정에는 반드시 참여해야 한다.

스프린트에 참여할 핵심 멤버들의 합류 또한 중요하다. 스프린트 초기부터 참여해야 하는 핵심 인력들이 갖춰지지 않았다면, 참여가 가능한 시점에 스프린트를 시작하는 것이 효과적이다. 물론 우선 시작하고 스프린트에 필요한 주요 인력들을 참여시킨다고 생각할 수 있을 것이다. 하지만 이 경우도 결국 주요 인력이 모두 합류한 시점에 다시 한번 스프린트 킥오프를 하게 될 것이다(배경도 설명하고 그 동안의 과정도 설명해야 하니까). 스프린트라는 것은 모든 팀이 어깨동무를 하고 전력 질주해야 하므로 모두가 스프린트의 목표와 배경에 대해 충분히 이해하고 수행하는 것이 중요하다. 주요 인력이 모두 합류하지 않았다면 일단 리서치에 집중하면서 핵심 멤버가 합류하는 시점을 기다려서 시작하는 것을 권장한다.

- **당연히 사업성도 중요하다**

디자인씽킹 활동의 최우선 목적은 고객 경험 혁신이다. 고객 경험 혁신을 위해서는 많은 노력과 시간이 소요될 수밖에 없는데, 혁신 활동이 힘있게 추진되기 위해서는 사업 효과business impact 측면에서 이해관계자들을 설득할 수 있어야 한다. 따라서 새로운 사업 및 서비스 아이디어에 비즈니스 모델을 함께 제시할 수 있다면 더욱 큰 혁신의 동력을 얻을 것이다. 더 나아가 기대 수익(비재무적 수익이라면 구체적인 효과 제시 필요) 및 예상 비용을 예측할 수 있다면, 더욱 설득력 있게 추진할 수 있을 것이다. 비즈니스 캔버스Business Canvas, 9 blocks를 활용하여 비즈니스 모델을 간략하게라도 수립하기를 권장한다.

혁신의 크기도 좋지만, 혁신의 시점도 중요하다. 대학원 시절 노동법 수업에서 '경영상 이유로 의한 해고'에 대해 토론하는 시간이 있었는데, 노동법 교수님이 내게 "경영학적 관점에서 긴박한 경영은 어떤 상황을 이야기하나요?"라고 물었었다. 그때 내 대답은 "경영은 항상 긴박해서 당장 내일이라도 위기가 올 수 있습니다"였다. 법적인 지식이 없어서 그렇게 답변하기도 했지만 내 실제 경영에 대한 생각이었다. 기업 경영은 긴박한 상황에서 이루어지는 것이다.

디자인씽킹을 통해 혁신적인 솔루션 발굴에 집중하지만, 경우에 따라서는 고객 혁신과 다소 떨어질 수는 있으나 기업경영의 현실을 고려할 수밖에 없다. 특히 이해관계자들에게 혁신 활동에 대해 적극적인 지원을 받으려면, 멀지 않는 시점에 효과를 볼 수 있는 관점으로 설계할 필요도 있다. 유명한 혁명가 체 게바라Che Guevara의 말처럼 가슴 속에 불가능한 꿈을 갖되, 철처하게 리얼리스트가 되어야 한다.

- **변화 관리가 필요하다**

디자인씽킹은 혁신 방법론이기도 하지만, 좀 더 근본적으로는 마인드셋mind set이다. 고객 중심으로 모든 문제에 접근하기 시작하고, 고객 지향적으로 솔루션을 찾아가기 위해 일하는 사람과 일하는 방식의 변화를 추구한다는 뜻이다. 디자인씽킹의 성공적인 수행을 위해서는 사업과 서비스 혁신뿐만 아니라 이를 통해 인재 육성과 조직 문화 혁신까지 함께 추진하는 것이 필요하다. 좀 더 구체적으로는 고객 중심의 업무 기획, 고객 공감 활동의 생활화, 사업 아이디어 발굴과 이를 지속적으로 개선해나가는 애자일한 조직 문화 정착 등을 함께 고민해야 한다.

여기서는 이 변화에 '관리'가 필요하다는 사실 정도를 짚으려고 한다. 디자인씽킹을 통한 경영 혁신 과정에서 가장 큰 지원군이자 가장 높은 장벽이 임원진 또는 팀 리더들이다. 가능하면 1주 단위로, 적어도 2주에 한 번은 팀 리더들과 디자인씽킹 과정을 공유하면서 서로 생각하는 방향을 맞춰가는 것이 좋다. 사업화 의사 결정 과정에서 인력 및 예산 권한을 가지고 있는 임원과의 지속적인 커뮤니케이션은 매우 중요하다. 임원진의 경우는 가능하다면 2주에 한 번, 최소한 4주에 한 번은 반드시 진행 과정을 공유하고 피드백을 받는 것이 중요하다. 애자일의 철학 그대로 그때 그

때 공유하고 서로의 생각을 자주 교환하면서 디자인씽킹을 진행하는 것이 바람직할 것이다.

이 과정에서 한 가지 조심스럽게 접근해야 할 것이 있다. 임원들의 '일하는 방식의 변화'를 직접적으로 드라이브하는 것은 주의할 필요가 있다. 자신의 분야에서 오랫동안 많은 경험이 있고, 임원이 되기까지 나름대로의 성공 방정식이 있기 때문에 임원진에게 새로운 일하는 방식으로의 변화를 강요하는 것은 무리가 있다. "디자인씽킹을 통한 직원들의 일하는 방식의 변화"라는 방향성과 변화 과정을 공유하는 것은 좋으나 임원들의 일하는 방식 자체를 변화시키려는 노력은 자제하는 것이 좋다.

이와 다르게 중간 관리자인 팀장들에게는 변화 관리 노력을 많이 할 필요가 있다. 팀장이 먼저 디자인씽킹을 통한 혁신 과정을 상세하게 이해하고, 그 효과성에 대한 믿음이 있어야 소속 팀원들이 혁신 활동에 적극적으로 참여하도록 독려할 것이며, 그래야 혁신의 성공 확률이 높아지기 때문이다. 팀장들을 대상으로 디자인씽킹 방법론 설명회 또는 디자인씽킹 실습 교육 등을 제공하는 것도 좋은 방법이다.

스프린트 수행 팀끼리는 점검 회의와 회고retorospecitve를 자주 수행하여 스프린트 과정을 보완하고 스프린트 결과물을 업그레이드하는 것이 좋다. 스프린트 과정에 참가하는 멤버들 모두가 참여해 매일 아침 10분만이라도 회의를 진행하는 것이 좋다. 흔히 스타트업에서 진행하는 스크럼Scrum 회의라고 생각하면 된다. 스프린트 멤버들끼리 서로 맡은 업무 현황을 공유하고, 각자 당일 업무를 서로 명확히 확인하기 위함이다. 단기간에 애자일하게 협업하기 위한 활동이므로 절대로 30분을 넘기지 않길 권장한다. 대면 스크럼이 효과적이며, 다함께 모이기 어렵다면 온라인 미팅을 병행하는 것이 좋다. 반드시 스프린트 멤버 모두가 참가해야 하며, 각자가 할일to do, 하고 있는 일doing, 완료한 일done로 나누어 간략히 점검하는 것이 효율적이다. 만일 온라인 미팅도 어렵다면 이메일로라도 공유하는 것이 좋다. 주기적으로 진행 과정에 대한 회고 미팅을 통해 스프린트 과정을 점검하고, 과정 자체를 개선하면서 진행하는 것이 좋다. 최소 주 단위 회고 미팅을 권장한다. 회고 미팅도 가급적 말로 하기 전에 각자 포스트잇으로 작성해 두면 더욱 솔직한 미팅이 될 수 있다.

- **독립된 혁신 전담 조직이 필요하다**

디자인씽킹을 통한 혁신 활동을 효과적으로 수행하기 위해서는 전문화된 전담 조직을 운영할 필요가 있다. 혁신 전담 조직의 이름은 주로 Innovation Studio, Innovation Center,

Design Studio, Innovation Hub, Digital Lab 등이 있다. 명칭보다 중요한 것은 기존의 조직들과 독립된 조직(이해관계가 없는)으로 CEO 직속 또는 혁신 담당 임원 산하 조직으로 설립해야 혁신의 동력을 얻을 수 있다.

새로운 일하는 방식을 효과적으로 변화시키려면 디자인씽킹 업무 방식에 익숙한 인력을 외부(디지털 혁신 성공을 경험한 기업, 애자일 선진기업, 우수 스타트업)에서 영입하여 조직을 세팅하기도 한다. 이때 외부에서 영입한 인재들의 디자인씽킹 역량과 경험도 중요하지만, 기존 인력들과의 조직융화 관점에서 친화력 또는 커뮤니케이션 역량을 고려하여 영입하는 것도 필요하다. 혁신 전담 조직의 성공도 결국 팀웍이 핵심이기 때문이다.

혁신 전담 조직은 3P 관점(인력 People, 방법론 Practice, 공간 Place)을 모두 고려해 운영해야 한다. 일단 다양한 배경을 가진 인력으로 팀 multi-disciplinary team을 구성하는 것이 좋다. 디자인씽킹 방법에 익숙한 전문가(주로 워크샵 퍼실리테이션 리딩), 프로토타입을 위한 UX 디자이너, 기술 프로토타입 구현을 위한 기술 전문가, 데이터 분석을 위한 데이터 분석가는 전담 조직에 필수 인재이다. 그 외에도 필요한 전문가들이 있으나, 이 경우는 그때 그때 내외부에서 소싱해서 협업하는 것이 효과적이다.

그리고 혁신 조직의 일하는 방식way of working은 일반적인 방법과는 다르다는 것을 분명히 해야 한다. 디자인씽킹 스프린트를 수행하는 과정에 대해 방법론으로 정리하여 고객 중심의 철학을 명문화하고 단계별 수행 활동과 예상 결과물을 가이드북처럼 상세히 제공하는 것이 좋다. 필요하다면 디자인씽킹뿐만 아니라 워킹백워드, 애자일 스크럼, 데이터 분석과 같은 혁신 방법론도 가이드북에 함께 제공하는 것이 효과적이다.

마지막으로 공간은 여러가지 디자인씽킹 활동을 수행하기 위해 구조와 장비가 유동적이어야 한다. 공간은 기본적으로 디자인씽킹 활동을 하는 아이디어 존ideation zone, 결과물을 화면으로 함께 보면서 공유, 논의할 수 있는 데모 존demo zone, 스프린트 팀이 일과 시간에 모여서 업무하는 워킹 존working zone으로 구분하는 것이 좋다.* 그런데 이런 공간 구획의 제일 중요한 포인트는 두 가지다. 모든 비품은 바퀴가 있어야 한다. 책상, 의자, 화이트보드 등은 바퀴가 달려있어야 언제든 토론을 위해 모이고 흩어질 수 있어야 하는 것이다. 쉽게 말해서 그룹 또는 조별 활동을 다

• 공간 구성은 이 책에서 모두 다루기에는 내용이 많고, 다른 회사들의 업무 공간이어서 자세히 말하기 어려운 부분이 있다. 실제로 혁신 전담 조직 공간에서 일해본 사람이나 공간을 만들어 본 사람들에게 이야기를 들어보는 것이 좋을 것이다.

I. 비즈니스 디자인씽킹 YES와 NO

양하게 할 수 있으려면 유동적인 공간 구조가 되어야 한다. 두 번째 포인트는 화이트보드가 많아야 한다. 생각나는 의견들을 언제나 보드마카로 쓸 수도 있고 포스트잇을 붙여가며 논의할 수 있어야 한다. 모든 벽은 물론 가능하다면 책상 윗면도 화이트보드처럼 글을 쓰거나 포스트잇을 붙일 수 있다면 금상 첨화다. 한번이라도 디자인씽킹 세션을 해보셨다면 화이트보드가 항상 부족했음을 느꼈을 것이다. 글을 쓰거나 포스트잇을 붙일 수 있는 벽은 다다익선多多益善이다.*

- 혁신 전담 조직을 설립하거나 운영하고 싶다면 LGCNS 이노베이션 스튜디오(Innovation Studio, inno.studio@lgcns.com)를 방문해보기 바란다. 현재 한국 기업 중에 인력People, 방법론Practice, 공간Place 세 가지 관점에서 가장 모범적으로 운영되고 있다고 생각한다.

2. 비즈니스 디자인씽킹의 NO

● 워크샵이 디자인씽킹의 전부는 아니다

디자인씽킹에 대한 오해 중 하나는 '디자인씽킹=워크샵'이라는 생각이다. 솔직히 나도 디자인씽킹을 경험했던 초기에는 그렇게 생각했다. 워크샵을 통해 다양한 생각들이 좁혀지고, 창의적인 아이디어가 나오는 것은 맞고, 워크샵이 매우 중요한 활동임에는 틀림없다. 하지만 그것만으로는 혁신의 결과가 만족스럽지 않다. 그 생각의 가장 큰 문제는 디자인씽킹을 한 번 또는 몇 번의 아이디어 회의와 창의적인 솔루션 정도로 좁혀서 생각하게 된다는 점이다.

워크샵 자체보다 더 중요하게 생각해야 할 디자인씽킹의 핵심 중 하나는 애자일agile하게 결과를 만들어 본다는 것이다. 애자일은 민첩하다는 뜻이다. 고객 중심으로 혁신을 이루려면 시행착오를 통해 실제 고객의 반응과 불편을 확인하는 것이 중요하다. 그러려면 "실패하는 것이 안 하는 것보다 낫다"는 마음으로 리서치, 인터뷰, 워크샵, 토론 등의 다양한 활동이 포함된 시도를 일단 빠르게 진행해보고, 그 시도가 실패하더라도 개선 결과를 만들어가야 한다.

워크샵을 통해 완벽한 상품이나 서비스를 도출한다는 생각으로 지나치게 많은 공력을 투입하는 것을 경계해야 한다. 오랜 기간 완벽한 기획을 통해 제품을 제작한 후 영업한다는 틀을 깨고 고객 니즈 기반의 간단한 프로토타입을 만든 후 그것의 반응을 보면서 수정과 개선을 해나간다고 생각해야 한다. 워크샵 이후에도 다양한 후속 활동이 계속되어야 하는 것이다.

● 반드시 창의적어야야만 하는 것은 아니다

모든 프로젝트가 그렇듯이 사례와 트렌드 조사를 열심히 하면 할수록 더 많은 발견과 시사점을 도출할 수 있다. 세상에 아예 존재하지 않는 사업 아이템과 서비스는 실제로 거의 없다. 아무리 창의적인 사람들과 창의적인 디자인씽킹 활동을 한다고 하더라도, 관련 리서치를 해보면 조금이라도 유사한 서비스가 나온다. 동종 업계가 아니더라도 이종 업계에 유사한 혁신 사례는 반드시 있다. 관련 리서치를 철저히 하면 앞선 사업과 서비스들을 통해 많은 것을 배우게 된다. 이 과정을 거치다보면 이전과 차별화된 유니크한 서비스나 제품을 설계할 수 있을 것이다.

사례 조사 과정에서 안타깝게도 기획한 서비스를 이미 기획하고 상용화하려는 회사를 발견하더라도 절대 좌절할 필요가 없다. 이렇게 참신한 서비스를 기획한 경우는 대부분 스타트업이나 작은 기업일 확률이 높기에 그 기업과 파트너십을 통해 시너지를 낼 수 있기 때문이다. 작은 기업의 경우, 초기 아이디어는 좋더라도 솔루션을 시장에 전달하고 홍보하기 위해서는 여러 플레이어들과의 협업이 필요한 경우가 많다. 협업 과정에서 서로 명확하게 역할을 정의할 수 있다면, 파트너십을 통해 전체적으로 더 큰 혁신을 창출할 수 있다.

● **공감은 마음만으로만 하는 것이 아니다**

디자인씽킹이 일반적으로 정량적인 정보에 의존하기보다 고객과의 깊은 공감을 통해 충족되지 않은 니즈unmet needs를 발견하고 이를 해결할 수 있는 아이디어 발굴이 중요한 것은 맞다. 그러나 그렇다고 데이터의 중요성을 무시하라는 의미는 분명히 아니다.

I. 비즈니스 디자인씽킹 YES와 NO   **35**

공감을 통해 발굴한 서비스 아이디어를 데이터 기반으로 더욱 구체화시키고, 아이디어의 타당성 검증을 보완할 수 있다면, 더욱 성공적인 디자인씽킹 과정이 될 것이다. 이해관계자들과 고객들에게 설득력 있는 제안을 할 수 있기 때문이다. 아이디어 컨셉을 만들고 기획했다면, 확보와 분석이 가능한 데이터가 있는지 반드시 확인할 필요가 있다. 특히 데이터 비즈니스와 관련된 스프린트라면 어떻게든 관련 데이터를 확보해 기획된 서비스 아이디어를 구체화시켜야 한다.

3. 비즈니스 디자인씽킹의 기본 구조

디자인씽킹을 통한 혁신 활동은 여섯 단계로 나뉜다.* 디자인씽킹 스프린트를 시작하기 전에 앞서 목표를 설정하고 팀을 구성하는 방향 설정 단계, 고객(또는 사용자)을 정의하고 그들의 경험 과정과 고충을 확인하는 고객 공감 단계, 고객의 핵심 니즈를 명확하게 정의하는 니즈 정의 단계, 고객 경험 향상을 위한 아이디어를 발산하는 아이디어 발굴 단

- 이 책에서 제시하는 디자인씽킹 혁신 방법론은 내 고유한 방법론이 아님을 분명하게 말하고 싶다. 컨설팅 회사나 에이전시에서 말하는 자신만의 고유한 방법론이라고 부르는 것들도 내 생각에 고유한 부분은 크지 않다고 생각한다. 용어와 몇 가지 미세한 기법의 차별화가 있기는 하다. 무엇보다 중요한 것은 용어와 단계에 집착하기 보다는 사상과 철학에 근거하여 핵심 활동을 수행하는 것이다. 디자인씽킹의 기본적인 사상은 고객과 사용자 중심적 사고, 고객 공감 기반, 애자일하게 시행착오를 두려워하지 않는 것이라고 생각한다. 이 책에서는 내 고유한 용어나 방법이 아닌, 디자인씽킹 스프린트를 수행하면서 가장 보편적인 용어, 활동 방법을 사용하려고 노력했다.

I. 비즈니스 디자인씽킹 YES와 NO

계, 아이디어 씨앗들을 모아서 고객에게 제공할 솔루션(또는 시나리오)으로 시각화하는 프로토타입 제작 단계, 마지막으로 고객과 사용자의 입장에서 의견과 피드백을 반영하는 평가 및 피드백 단계다.* 설명의 편의를 위해 그림 1처럼 디자인씽킹 과정이 좌에서 우로 선형으로 진행되는 것처럼 설명하기는 했지만, 실제로 이루어지는 활동은 아래 그림 2처럼 순환Iteration하는 모습이 더 정확하다. 공감하고 정의하는 과정에서 다시 다른 고객 페르소나를 새롭게 공감할 수도 있고, 아이디어 도출과 프로토타입을 하다가 고객의 피드백을 받고 다시 새롭게 아이디어를 발굴해야 하는 것

그림 1 디자인씽킹 과정

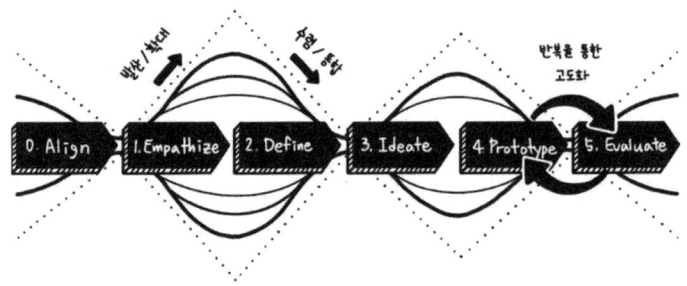

- 경우에 따라서는 모든 단계가 끝나고 사업화를 위해 보고서를 만들고 발표하는 단계Finalize를 별도로 만들기도 하지만, 이 책에서는 기본적인 혁신 활동을 이해하는 차원에서 별도로 정의하지는 않았다.

처럼, 고객을 중심으로 각 단계들은 끊임없이 순환한다.

그림 1에서 주목해야 하는 것은 단계 뒤에 있는 다이아몬드 그림이다. 더블 다이아몬드 모델Double-Diamond Model이라고 부르는데 공감 단계에서 발산divergence을 통해 여러 이해관계자와 만나고 인터뷰, 관찰, 서베이 등의 다양한 방법을 적용하는 것이 중요하다. 그리고 니즈 정의단계에서는 고객의 핵심 니즈가 무엇인지 명확하게 콕 집어 이야기할 수 있는 수렴convergence이 중요하다.

두 번째 다이아몬드도 마찬가지로 아이디어 단계에서는 범위를 두지 말고 다양한 관점의 아이디어를 마구마구 발산하고, 그중에 핵심적인 아이디어들의 컨셉 시각화 차원에서 프로토타입은 명확하게 수렴을 통해 구체적으로 한 가지(경

그림 2 디자인씽킹 과정 – 순환

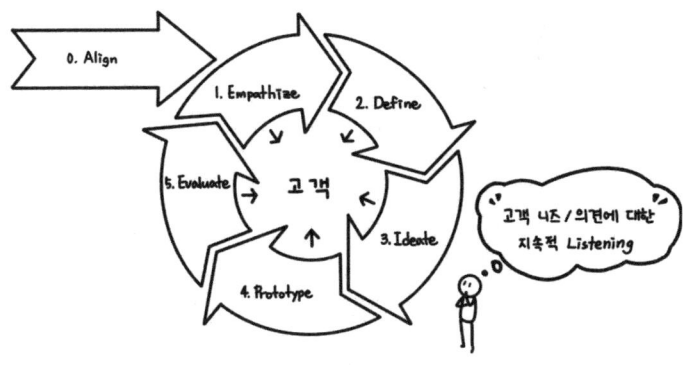

우에 따라서 몇 가지) 프로토타입을 만드는 것이 중요하다. 이와 같이 넓혔다가 좁히고, 다시 넓혔다가 좁히는 더블 다이아몬드 모델임을 기억할 필요가 있다. 각 단계별로 수행하는 다양한 활동들에 대해서는 뒷 장에서 세부적으로 설명하도록 하겠다.

디자인씽킹, 비즈니스 현장을 주도하다

II.
비즈니스 디자인씽킹 방법론

1. 방향 설정
- 스프린트 목표, 기간, 범위 산출물 정의
- 과제 스폰서 의도 파악
- 수행팀 팀 빌딩

2. 고객 공감
- 고객 페르소나 선정
- 페르소나별 경험 여정 파악
- 페르소나별 고충 및 기대 파악

3. 니즈 정의
- 고객 핵심 니즈 명문화
- 타깃 고객 변경 여부 판단
- 추가적인 고객 공감 필요 여부 판단

4. 아이디어 발굴
- 문제 해결을 위한 아이디어 발산
- 아이디어 우선 순위화 및 핵심 아이디어 선정
- 아이디어 실행을 위한 상세화

5. 프로토타입 제작
- 아이디어 구체화
- 제품/서비스 핵심 영역 시각화
- 고객 관점의 제품/서비스 사용 시나리오 정의

6. 평가 및 피드백
- 프로토타입에 대한 고객 의견 수렴
- 수용성, 가능성, 지속성 평가
- 사업화 여부 의사 결정

1. 방향 설정

○ **목표**
- 스프린트 목표, 기간, 범위, 산출물 정의
- 과제 스폰서의 의도 파악
- 수행팀 팀 빌딩

방향 설정은 디자인씽킹 스프린트의 첫 단계로, 해결해야 할 문제와 스프린트 목표는 무엇이고, 수행팀을 어떻게 구성해야 하는가를 고민하는 단계다. 내가 많은 스프린트를 수행해본 결과, 스프린트 대상 과제 및 수행 목표가 불분명하거나 수행 범위가 너무 넓으면, 디자인씽킹이 효과적이지 못한 경향이 있었다. 물론 목적과 범위가 명확했다면, 디자인씽킹이 아닌 일반적인 문제 해결 방법으로 진행되었을 것이다. 과제 등이 불명확하기에 디자인씽킹이 필요하게 되는 역설이 존재하는 것 같다. 여하튼 방향 설정 단계를 통해 구체적인 과제 대상과 집중 범위를 잘 정의하면, 성공적인 스프린트 수행 확률이 높아진다.

단기간 진행되는 디자인씽킹 스프린트 특성상, 스프린트 팀 구성도 중요하다. 스프린트 과제 정의와 함께 스프린트 주제에 맞는 팀 구성에 에너지를 집중할 필요가 있다.

◎ 수행 과정

① 현황 다운로드

일단 스프린트 추진 목적을 이해해야 하는데, 그 과정이 현황 다운로드다. 사전에 정의된 과제 관련 문서 등을 분석해 과제의 내용과 범위를 확인한다. 주로 과제에 대해 사전 정의된 RFI Request For Information, RFP Request For Proposal, 전략 보고서, 과제 정의서 등을 분석하며, 이를 통해 주제, 범위, 이해관계자, 고객 등을 사전에 파악할 수 있다. 문서로 된 정보가 없는 경우도 많으니 이 과정을 제대로 밟기 힘들다고 해도 실망할 필요는 없다.

② 사전 인터뷰

문서를 통해 과제에 대한 기본적인 정보를 얻은 후에는 과제 담당자와 인터뷰를 하며 과제, 목표 고객, 문제 상황 등을 청취한다(정보를 못 얻었다 하더라도 인터뷰를 통해 스프린트 목적을 이해할 수 있다). 대부분의 혁신 과제는 주관 부서의 구성원들마다 스프린트 목표와 범위, 핵심 문제에 대해 생각하는 바가 다른 경우가 많기에 인터뷰 과정이 필요하다. 초기에 과제 담당자 및 내부 이해 관계자를 각각 인터뷰하면서, 스프린트를 통해 얻고자 하는 바를 구체화해야 한다. 이때 반드시 만나서 의견을 듣고 사전 공감을 해야 하는 사람이 과제 스폰서(주로 담당 임원)다. 스폰서가 사업적 판단의 책임이 있고, 과제와 관련해서 가장 넓은 시야를 갖고 있기 때문이다. 이 단계는 반드시 수행해야 하며, 스폰서와 디자인씽킹 과정에 대한 철학을 공유하는 것이 중요하다.

③ 스프린트 과제 정의

과제 배경과 목표를 사전 파악했다면, 이를 토대로 임시적으로 과제를 정의한다. 앞서 진행한 배경 다운로드, 사전 인터뷰 결과를 기반으로 활동 주제, 목표 고객, 가설적인 고객의 고충, 고충 해결을 통한 가치 제안과 과제 담당자의 기대 효과를 정의해야 한다. 팀과 모여 파악된 정보를 공유하고, 그림 3과 같이 포스트잇을 활용하면 가설적인 주제의 내용을 정리할 수 있다.

그림 3 스프린트 과제 정의

Tip 스프린트 주제 선정 시 고려사항

- **대상 고객**: 디자인씽킹 대상 고객이 누구인지 명확한가? 주제 하나에 고객 하나를 권장한다.
- **고객 경험 여정**: 고객의 경험 여정을 파악할 수 있는 주제인가? 고객 경험을 파악할 수 없다면 주제를 변경하는 것이 좋다.
- **고객 혜택**: 이 주제를 통해 고객에게 전달할 혜택이 대략적으로라도 예상되는가? 혹시라도 혜택이 별로 없을 거 같다면 주제 변경이 필요하다.
- **기대 효과**: 디자인씽킹을 통해 우리 회사(조직)에게 돌아올 이득이 있을 것인가? 우리에게 이득이 작다면 주제 변경이 필요하다.
- **기간**: 스프린트 기간 내에 고객 경험 혁신을 달성할 수 있는 주제인가? 너무 오래 걸릴 것 같다면 주제를 더 작게 정의하는 것이 필요하다.

과제가 정의되었다면 논의 내용은 기록으로 남기고, 스프린트 참가자 및 관련자 모두에게 공유하여 스프린트 출발점을 분명히 하도록 하자.

④ 스프린트 팀 빌딩

본격적인 스프린트 활동에 앞서 참가자들 간 팀웍을 구성하는 활동이다. 디자인씽킹 스프린트는 짧은 기간에 도전적인 문제의 해결 방안을 찾는 과정이기에, 참여자 간 소통과 팀웍이 중요한 성공 요소다. 팀원 모두가 스프린트에 몰입하고, 격 없이 소통할 수 있는 용감한 조직을 만들어 내는 것이 중요하다. 초기에 지나치게 업무적인 접근보다는 서로를 이해하는 감성적인 접근으로 팀빌딩 활동에 임하는 것을 권장한다.

> **💡 Tip 혁신 활동 팀 규모 및 구성**
>
> **팀 사이즈:** 스프린트 팀의 규모는 보통 5~8명이 적절하다. 다함께 논의하고 아이디어를 발굴하기에 적절한 규모이고, 경우에 따라서 2~3개 소그룹으로 나누어 현장 조사, 고객 인터뷰 등을 수행하기 적절하기 때문이다. 그렇다고 10명이 넘으면 너무 무거워서 스프린트 팀이라고 이름 붙이기 어려워진다. 물론 경우에 따라서 스프린트를 수행할 인력이 모자라는 경우는 있을 것이다. 하지만 총 인원이 최소 3명은 확보되어야 시작할 수 있다.

팀 구성: 다양한 배경을 가진 multidisciplinary 인력 구성이 원칙이다. 물론 조직의 사업 특성과 스프린트 주제에 따라 팀 구성원의 역할 및 배경은 달라질 수 있다. 일반적으로는 스프린트 퍼실리테이터 facilitator, 2명 이상이 수행할 수도 있음, 기술 엔지니어(기술 자문 및 프로토타입 구현), UX 디자이너(비주얼 결과물 도출), 데이터 전문가(데이터 자문 및 분석), 과제 책임자 Product Owner, PO(고객 담당자)는 팀에 참여해야 한다.

스프린트 과정 중에 진행하는 아이디어 워크샵에는 더 다양하고 많은 인력(유관 부서)이 참여할 수 있다. 경우에 따라서는 실제 고객 end customer, 소비자을 참여시킬 수도 있다. 해당 주제에 대한 강력한 반대파를 워크샵 과정에 참석시키는 것도 효과적일 수 있다. 미리 리스크를 최소화하면서 스프린트를 수행할 수 있다는 장점도 있지만, 아이디어 과정에서 극단적 회의론을 가진 사람의 비평 또는 아이디어가 스프린트 혁신의 열쇠가 되는 경우가 있기 때문이다.

💡 Tip 혁신 활동 참가자들 간의 팀 빌딩

디자인씽킹 과정에서 참가자들의 팀웍은 필수 요소다. 호흡이 맞으면 어떤 어려움도(스프린트에는 크고 작은 다양한 어려움이 따른다) 이겨낼 수 있기 때문이다. 따라서 스프린트 초기에 서로를 이해하고 익숙해질 수 있는 팀 빌딩 활동에 집중할 필요가 있다. 서로를 이해하는 차원에서 시도할만한 활동을 몇 가지 소개하고자 한다. 이 외에도 다양한 방법이 있으니 상황에 맞게 팀 빌딩을 시도하는 것을 권장한다.

자기 표현 및 소개하기: 각자가 어떤 걸 좋아하는지, 최근에 본인이 특별하게 경험한 것들이 무엇인지, 자신을 컬러로 표현한다면 어떤 색인지 등을 서로에게 이야기한다. 같은 회사에서 같은 팀에 소속해서 매일 보는 사이라도 자신의 성향에 대해 특별히 이야기한 적은 별로 없었을 것이기에, 이런 활동을 한다면 서로에 대한 이해가 깊어져서 팀웍이 높아질 수 있다. 초기에 반드시 팀원들에게 자신을 깊이 있게 그리고 부담 없이 재미있게 소개하는 시간이 필요하다.

영어 이름 부르기: 디자인씽킹 과정에서 만큼은 회사에서 불리는 직급과 이름(예, 김차장님)이 아닌 에서 영어 이름(예, James) 호칭을 부르는 것이 좋다. 호칭을 어떻게 하느냐에 따라 서로의 관계가 공식적이고 딱딱한 관계가 될 수도 있고, 편안하고 자유로운 관계가 될 수 있기 때문이다. 김춘수의 시 <꽃>에서도 '내가 그의 이름을 불러주었을 때, 그는 나에게로 와서 꽃이 되었다'라고 하지 않았나. 우연히 참석한 워크샵에서 영어 이름을 지어서 서로 부르기로 했는데 그 효과는 기대 이상이었다. 서로의 직급과 이름을 정확히 모르니 익명성이 보장되어서 더 자유롭게 이야기하기도 했고, 서로의 소속과 직급을 알고 있더라도 영어 이름을 부르다 보니 팀 구성원 한 사람 한 사람에게 집중하여 의견을 듣고 토론을 하기에 편했기 때문이다. 우리나라와 같은 수직적 문화에서는 반드시 사용해보기를 적극 권장하고 싶다.

기대와 걱정 이야기하기: 스프린트 수행 초기에 참여자들이 생각하는 기대 사항Hopes과 걱정 사항Fears을 함께 공유하는 것이 팀웍을 높이는 데 좋다. 멤버 각자 혁신 활동에 참가한 이유와 목적이 있고, 또한 각자의 상황이 다르기 때문에 개인 별로 혁신 과정에 대한 기대와 걱정을 공유하고 공감한다면 이보다 더 좋은 팀 빌딩이 없다. 또한 혁신 활동 과정에서 각자의 기대 사항을 서로 충족시켜주고, 과정상에서 발생하는 걱정거리도 서로 해결하도록 노력할 수 있기 때문에 이 활동을 적극 권장한다.

신기술 트렌드 스터디: 현업들은 본인 본연의 업무 수행에 바빠서 새로운 디지털 기술에 대한 이해도가 낮은(개념 정도만 이해) 경우가 많다. AI, Web3, AR/VR, 메타버스 등에 대해서는 개념 교육, 기술 트렌드 교육, 사례 교육, 그리고 관련 기기 실습 체험이 매우 중요하다. 그래야 정확한 이해를 통해 새로운 기술을 활용한 아이디어를 발굴할 수 있기 때문이다.

2. 고객 공감

○ **목표**
- 고객 페르소나 선정
- 페르소나별 경험 여정 파악
- 페르소나별 고충 및 기대 파악

고객 공감은 타깃 고객의 경험 여정을 탐색하고 따라가면서 고객의 고충에 공감하고 그것을 구체화하는 단계다. 디자인씽킹의 핵심은 고객 공감을 바탕으로 근본적인 문제가 무엇인지를 발견하는 것이며, 그래야만 적합한 문제 해결 솔루션도 도출할 수 있다. 그러나 안타깝게도 아이디어 발굴하거나 솔루션을 도출해야 한다는 조급함 때문에 고객 공감 단계를 너무 간략하게 수행하는 경우가 많다.

　분명하게 말할 수 있다. 고객 공감이 충분히 이루어지지 않으면, 타깃 고객도 명확하지 않고 고객의 핵심 니즈도 명확하지 않으며 궁극적으로 고객 중심의 아이디어 발굴도 어려워진다. 만일 디자인씽킹 수행 중에 고객 공감이 충분히 이루어지지 않았다고 판단한다면, 스프린트 도중에라도 과감하게 다시 고객 공감 단계로 돌아가서 충분한 활동을 하기를 권장한다.

고객 공감 단계의 주요 활동으로는 이해관계자 지도stakeholder map, 고객 페르소나persona, 고객 공감 지도empathy map 및 경험 여정 지도journey map 작성* 등이 있으며, 현장에서의 고객 관찰 및 고객 심층 인터뷰 등을 바탕으로 고객 고충을 확인할 수도 있다.

◎ 수행 과정

① 이해관계자 지도 만들기

본격적인 고객 공감 활동에 앞서, 이해관계자 지도를 통해 디자인씽킹 주제와 관련해 어떤 이해관계자가 있으며, 그중 가장 중요한 핵심 플레이어가 누구인지를 파악해야 한다. 이해관계자 지도 작업은 스프린트 주제와 관련된 모든 이해관계자를 정의하는 것에서 시작한다. 해당 비즈니

- 고객 공감을 위한 도구는 이해의 편의를 위해 번호를 붙여 정리했다. 이 책에 있는 순서대로 적용할 수도 있지만, 나는 스프린트 상황에 맞춰 순서와 관계없이 공감에 필요한 대로 다양한 도구를 활용하기를 권장한다.

스 및 서비스 제공에 관계된 모든 이해관계자를 빠짐없이 확인하는 것이 필요하다.

  이해관계자들이 파악되었다면 각 이해관계자 간 주고받는 것(업무 또는 정보)은 무엇인지, 역학 관계는 어떠한지(지시, 협업, 통보 등) 정리한다. 서로의 역학 관계를 이해했다면, 여러 이해관계자 중에 누가 핵심 플레이어인지 파악하는 것이 중요하다. 핵심 플레이어는 디자인씽킹 과정에서 반드시 고객 공감을 수행해야 한다. 여기서 잊지 말아야 할 것은 이렇게 만들어진 이해관계자 지도는 초기 가설적인 접근이라는 점이다. 이후 심층 인터뷰, 행동 관찰, 자료 조사 등을 통해 좀 더 구체적인 이해관계자 지도를 완성해야 한다.

그림 4 이해관계자 지도

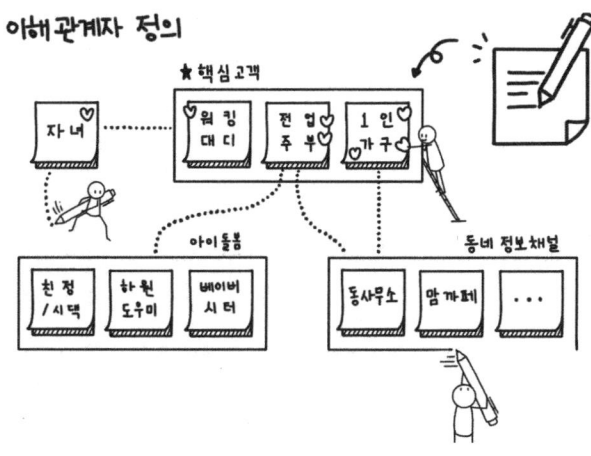

② 고객 페르소나 작성

페르소나는 제품 개발에 있어, 제품을 사용할 목표 집단에 포함된 사용자 유형을 대표하는 가상의 인물을 의미한다. 고객 페르소나 작성은 핵심 이해관계자 또는 핵심 고객의 모습을 기술하고 이를 통해 고객 경험 여정을 탐색하기 위한 활동이다. 현재까지 수집된 정보와, 관련 통계 자료 등을 참고해 핵심 고객을 대표하는 페르소나(가상의 인물)를 구체적으로 정의한다. 우선, 해당 페르소나의 인구통계 및 활동 특성을 종합 고려해 이름을 부여한다. 예를 들어, 1인 가구 구성원의 경우 "귀차니스트"와 같은 명칭을 통해 1인 가구 고객

그림 5 고객 페르소나 작성

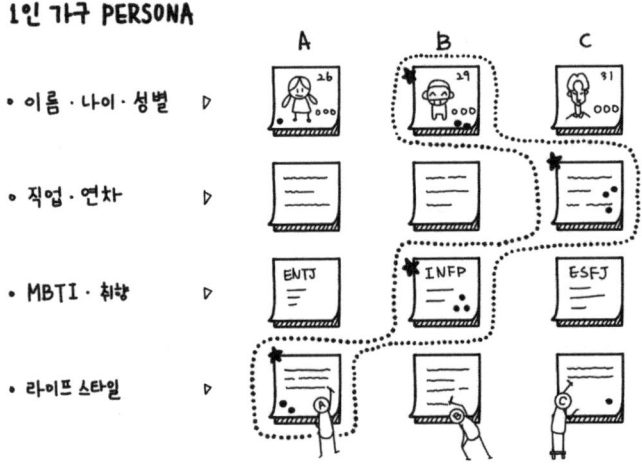

의 특징(요리 등의 복잡한 과정이 귀찮음)을 정의할 수 있을 것이다. 명칭을 정했다면 해당 페르소나의 인구 통계 특성, 직업, 심리적 특징 등을 적어보면서 페르소나를 구체화한다.

③ 고객 공감 인터뷰

공감 인터뷰는 앞서 정의한 페르소나에 맞는 고객 또는 사용자의 실제 경험을 탐색하는 활동이다. 공감 인터뷰에서 반드시 확인해야 할 내용을 정리한 후에 고객 경험 파악을 위한 질의서를 작성하고, 인터뷰 대상자를 섭외하여 준비된 질문으로 인터뷰를 진행하게 된다.

인터뷰가 끝나면 그 내용을 정리하고 분석한다. 그러면 여러 시사점들을 얻게 되는데, 이를 토대로 페르소나를 보완하고, 고객 경험 여정에 대한 기초 정보를 정리한다. 인터뷰는 철저한 기획과 준비, 그리고 현장에서 체계적인 진행이 필요하다. 이 책에서 집중적으로 다루기에는 한계가 있으니, 인터뷰에 대해서는 관련 서적이나 사이트를 통해 철저하게 공부하기를 바란다.

> 💡 **Tip 고객 공감 인터뷰는 생략하지 말 것**
> 디자인씽킹 과정에서 고객 공감을 위한 가장 효과적인 방법은 뭐니 뭐니 해도 인터뷰다. 참가자는 반드시 직접 겪어보면서 고객을

> 이해하고, 공감을 토대로 혁신 아이디어를 도출하는 것이 중요하므로, 무조건 참가자들이 직접 인터뷰를 함께 기획하고 수행하고 최종 시사점도 직접 발굴하는 것이 좋다. 현장 인터뷰에 대한 경험이 없는 경우가 많기 때문에 사전 교육의 일환으로 인터뷰하는 방법을 교육하고, 사전 리허설을 통해 인터뷰에서 돌발적으로 발생하는 변수를 점검한다면 인터뷰의 질을 높일 수 있을 것이다. 인터뷰를 수행하는 과정에서 고객 경험 현장 환경을 관찰하고 분석하면 더 많은 고객 경험 정보를 얻을 수 있다.

④ 고객 공감 지도

고객 공감 지도는 고객 경험을 다양한 관점에서 이해하기 위한 도구다. 이 도구는 일반적으로 실제 고객을 만나기 어려운 상황에서 사전에 스프린트 참가자들끼리 가설적으로 고객 고충을 이해하고자 할 때 활용한다. 또한 실제 인터뷰로 파악한 내용을 바탕으로 고객 경험을 개선하기 위해 해결해야 할 핵심 문제와 충족해야 할 니즈가 무엇인지 포괄적으로 정의하기 위해 활용하기도 한다. 결국 이해관계자 지도, 고객 페르소나, 고객 공감 인터뷰 결과를 바탕으로 고객이 접하는 정보와 상황이 무엇인지, 주변으로부터 어떤 이야기들을 주로 듣고 있는지, 어떤 말과 행동을 하고 있는지, 그리고 어떤 생각을 하고 감정을 느끼는지 지도로 일목요연하게 정리하는 것이다.

그림 6 고객 공감 지도

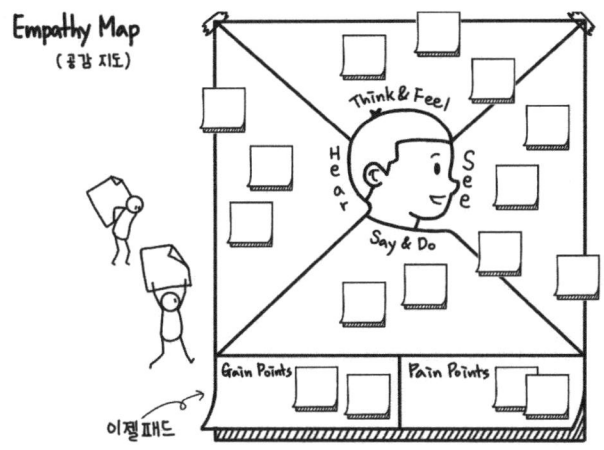

⑤ 고객 경험 여정 지도

고객의 경험 과정을 처음부터 끝까지 정리해보는 고객 경험 여정 지도를 만들면 좋다. 스프린트 주제 관련해 고객이 겪고 있는 경험을 벽면에 총정리한다고 생각하면 된다. 고객 공감 인터뷰 결과, 고객 경험 여정 지도 등을 기초로, 고객이 겪게 되는 모든 활동을 순서대로 나열하고, 경험을 단계화하고, 여정에서의 고객 고충pain points를 발견하고 핵심 고충을 그룹화하는 과정이다. 이 활동 역시 워크샵을 통해 먼저 가설적으로 정리해보고, 이후 고객과의 인터뷰 등을 통해 검증하는 방식으로 수행할 수도 있다.

II. 비즈니스 디자인씽킹 방법론

그림 7 고객 경험 여정 지도

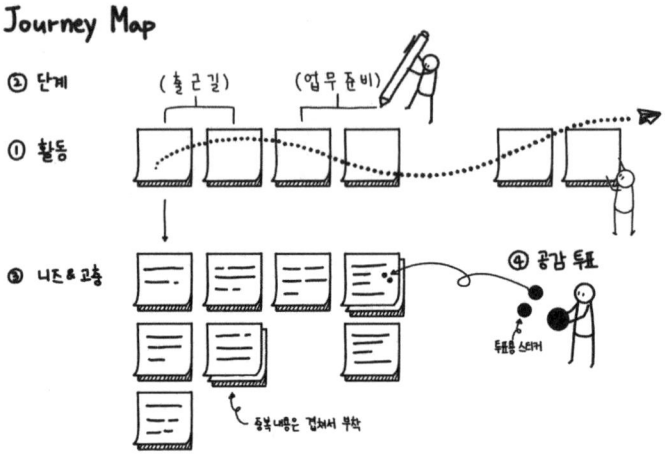

3. 니즈 정의

○ **목표**
- 고객 핵심 니즈 명문화
- 타깃 고객 변경 여부 판단
- 추가적인 고객 공감 필요 여부 판단

니즈 정의 단계는 고객 공감에서 파악된 고객 고충과 문제점 중에서는 가장 핵심적으로 해결할 부분을 명확하게 정의한다. 다르게 말하면, 고객이 진정으로 필요로 하는 사항이 무엇이며, 고객 경험 개선을 해야 할 부분이 무엇인지를 니즈로 기술하는 것이다. 막연한 고객의 니즈가 아니라 의미가 명확한 단어 또는 문장으로 정의할 수 있어야 한다. 또한 제한된 스프린트 기간 내에 모든 문제를 해결할 수 없기 때문에, 집중할 영역을 결정한 것이다. 1부에서 언급한 더블 다이아몬드의 중간점을 생각한다면, 이 단계에서 고객의 니즈를 최대한 구체적으로 정의해야 다음 단계인 아이디어 발굴의 지향점도 분명해진다.

◎ **수행 과정**

① **고객의 핵심 활동 | 고충 | 기대 정의**

목표 고객에 대한 탐색 결과를 바탕으로 고객 측면에서 중요도가 높은 핵심 활동, 극심한 고충, 꼭 필요한 기대 사항을 정의하는 과정이다. 이를 통해 문제를 해결할 때 고객 체감 가치가 큰 영역을 식별할 수 있다. 팀원들과 활동, 고충, 기대 항목으로 구성된 고객 가치 프로필을 그리고, 고객 공감 활동에서 파악된 사항들을 포스트잇에 기록하고 정리한다. 이때, 좀 더 중요한 항목을 동심원 가까이에 붙이고, 위치를 바꿔가며 중요도를 파악한다.

그림 8 고객 가치 프로필

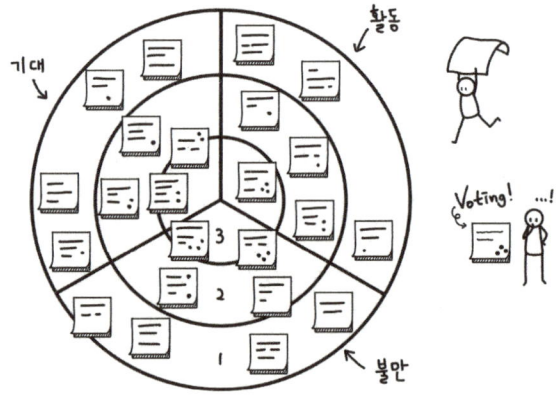

> **Tip 필요하다면 중간에 스프린트 주제를 과감히 변경**
>
> 최초에 계획한 스프린트 활동 기간(예, 8주)이 있다면, 그 기간 동안은 지속적으로 고객 중심의 혁신 활동을 추진해야 한다. 만일 담당 임원이 3주차에 "이거 잘 안 될 거 같은데…"라고 부정적인 평가를 했더라도, 반드시 8주차 까지는 자신감을 잃지 말고 수행하는 것이 좋다. 아직 고객 공감이 부족해서일 수도 있고, 아이디어가 덜 나와서일 수도 있고, 결과물이 정리가 잘 안 되어 전달력이 떨어진 것일 수도 있으니까 말이다. 고객 중심과 고개 경험 향상만 믿고 노력하면 좋은 결과가 있을 것이다.
>
> 물론 스프린트 주제 또는 타깃 고객 자체를 변경해야 할 경우도 있다. 고객 공감을 해보고 고객의 니즈를 확인해본 결과, 과감하게 주제 변경이 필요하다는 사실을 깨닫거나 또 다른 고객 페르소나를 발견하게 되는 경우가 종종 있다. 그렇다면 남은 기간 동안 새로운 스프린트로 전환하는 것이 좋다. 물론 기간이 많이 남지 않아 두려울 수도 있다. 하지만 내 경험에 비춰볼 때, 앞에서 진행한 고객 공감 결과와 그동안 다져진 팀웍이 토대가 되기 때문에 주제를 변경해도 남은 시간에 더 의미있는 혁신을 만들 수 있다. 스프린트 팀의 공감대가 있다면 절대로 두려워하거나 주저하지 말고 과감히 운전대를 돌릴 필요가 있다.

② 고객의 니즈 정의

 니즈 정의는 디자인씽킹 스프린트에서 가장 핵심적으로 해결할 고객의 문제 영역을 정의하는 과정이다. 스프린트에서 고객 니즈는 반드시 명확한 문장으로 기술할 필요가 있다. 우리가 서로 간의 약속을 계약서로 문서화하는 이유는 서로 다른 말을 하지 않도록 정확하게 약속의 내용을 확정하기 위함이다. 같은 이유로 고객의 핵심 니즈를 모호한 말이 아니라 명확한 문장 또는 문구로 작성하는 것이 중요하다. 이를 니즈 선언문needs statement 이라고 한다. 니즈 선언문이 있다면 스프린트 참가자는 물론 과제 스폰서와 최종 고객에게도 "우리의 타깃 고객이 진정으로 필요로 하는 것은 바로 이것"이라며 설명할 수 있다. 스프린트 과정에서는 1개의 선언문보다는 3개의 선언문을 만들고 고객 경험 향상 방안을 모색하는 것이 효율적이다.

그림 9 핵심 니즈 정의

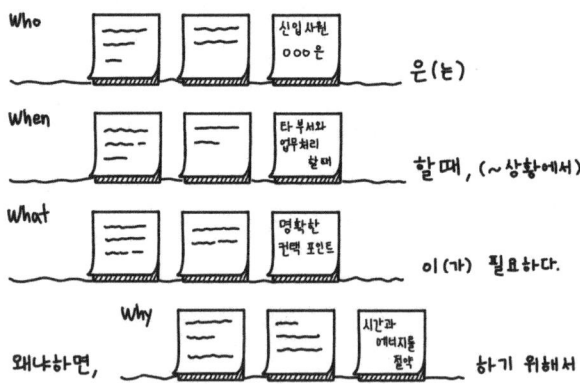

4. 아이디어 발굴

◯ **목표**
- 문제 해결을 위한 아이디어 발산
- 아이디어 우선 순위화 및 핵심 아이디어 선정
- 아이디어 실행을 위한 상세화

아이디어 발굴은 고객 공감을 통해 파악된 문제와 니즈를 해결할 아이디어를 도출하는 단계다. 일차적으로 도출된 아이디어를 구체화하고 아이디어와 아이디어를 연결하거나 분리하는 과정을 통해 다양한 아이디어를 발산하게 된다. 이렇게 발굴된 아이디어는 고객의 수용 가능성, 비즈니스 중요도, 실행 가능성 등의 요소를 고려하여 우선 적용할 아이디어로 선별되기도 한다. 아이디어 우선 순위화는 단순한 선별하는 과정이 아니라, 모든 아이디어들의 고객 수용성, 비즈니스 중요도, 실행 가능성을 향상시키기 위한 업그레이드 과정이라는 점을 명심해야 한다. 아이디어 후보들 중에 핵심이 될만한 아이디어는 사업 또는 서비스로 적용할 수 있도록 아이디어의 목적, 작동 원리, 세부 기능, 기대 효과 등을 상세하게 정리하는 것이 효과적이다.

○ **수행 과정**

① 아이디어 발산

문제가 명확해지고 개선해야할 고객의 니즈가 명확해졌다면, 이젠 문제 해결을 위한 위한 아이디어를 도출해야 한다. 세상에 버릴 아이디어는 없다. '이게 아이디어가 될까?'라는 회의적인 생각은 잠시 접어두고 조금이라도 도움이 되는 아이디어라면 마구마구 도출해보자. 질보다는 양이 우선이다. 말 그대로 다다익선多多益善!

아이디어 발산 방법은 매우 다양하나, 디자인씽킹에서는 포스트잇을 활용한 냅킨 스케치 방식이 활용하기도 쉽고 효과적이라 생각한다. 좀 더 많은 아이디어 발산 방법은 전문서적이나 유튜브에서 쉽게 찾아볼 수 있는데, 가장 기본적이면서 효과적인 방법은 냅킨 스케치다. 포스트잇에 아이디어명, 아이디어 설명 등을 컨셉 스케치로 낙서하는 느낌으로 머리 속에 떠오르는 아이디어를 작성하는 방법인데, 아이디어 워크샵을 수행한다면 각자 고객의 니즈별로 무조건

5개 이상 만든다고 생각하고 마구마구 작성해보는 것이 좋다. 그래야 여러 아이디어를 조합하고 상세화하면서 정말로 좋은 아이디어를 얻기 때문이다. 다다익선을 잊지 말자.

이 과정에서 컨셉 스케치에 부담을 갖는 경우도 있다. 나도 그림 솜씨는 말 그대로 꽝이다. 그래도 생각하는 아이디어를 그려보려고 노력한다. 그 과정에서 아이디어가 더 좋아질 때가 많기 때문이다. 그림에 자신 없다면 그리지 말고 텍스트로 작성하는 것도 좋다. 부담은 아이디어 발산에 장애물이기 때문이다.

스프린트 특성상 시간에 한계가 있는 것은 알지만, 아이디어 발굴은 가급적 시간적인 여유를 갖는 것이 중요하다. 여

그림 10 아이디어 발산

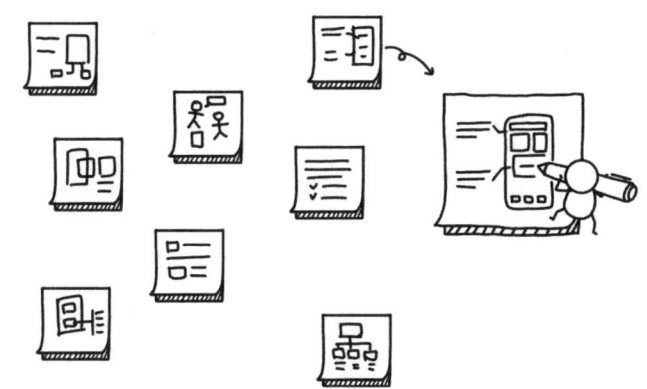

유와 함께 간격도 중요하다. 아이디어 발굴은 한 번에 많이 하는 것도 중요하지만, 몇 차례 나눠서 하는 것이 좋기 때문이다. 1차 아이디어 발굴 이후 시간을 두고 2차 아이디어 발굴 또는 보완 미팅을 수행한다면, 더욱 혁신적이고 발전적인 아이디어를 얻을 수 있을 것이다. 그리고 아이디어 발산 후에는 항상 되돌아보는 과정Revisit을 통해 놓칠 수 있는 아이디어를 잡아야 한다. 되돌아볼 때는 반드시 공감 단계에서 파악된 고객 고충 및 니즈에 부합되는지 점검해야 한다.

② 아이디어 검토 및 보완

아이디어가 일차적으로 발산되었다면, 이제 서로 서로 아이디어를 설명하고 피드백을 주면서 보완해보자. 속담에 백지장도 맞들면 낫다고 하지 않았나. 아이디어 제목과 컨셉을 다른 스프린트 멤버에게 간략히 설명해주자. 이때 아이디어가 왜 좋은 것이며, 어떻게 작동하는 지에 대한 설명을 해주는 것이 좋다. 아이디어 작성자generator가 설명했다면 상대방synthesizer은 의견을 가감 없이 주는 사람이 되자. 의견이 없다면 질문을 통해서 내용을 함께 구체화해보자. 1:1 리뷰 및 피드백이 가장 효과적이나, 전체 구성원이 많지 않다면 다함께 검토하고 의견을 제공하는 것도 좋다. 이때 상대방이 말하는 의견을 다른 포스트잇에 메모해서 아이디어 포스트잇 옆에 붙여 보자. 이 과정에서 초기 아이디어가 훨씬 더 멋진 아이디어로 거듭나는 모습이 보일 것이다.

③ 아이디어 그룹화

발산된 아이디어가 많은 것이 좋다고 했다. 그런데 그 말이 아이디어를 분류하고 정리하지 말라는 의미는 아니다. 보완된 아이디어를 유사한 것들은 그룹으로 묶고, 나눠야 할 아이디어는 다시 나누면서 그룹화idea clustering하는 과정이 필요하다. 다만 한 가지 유의할 점은 그룹화를 지나치게 강조하면 아이디어별 좋은 내용이 하나로 묶여서 묻혀버릴

그림 11 아이디어 그룹화

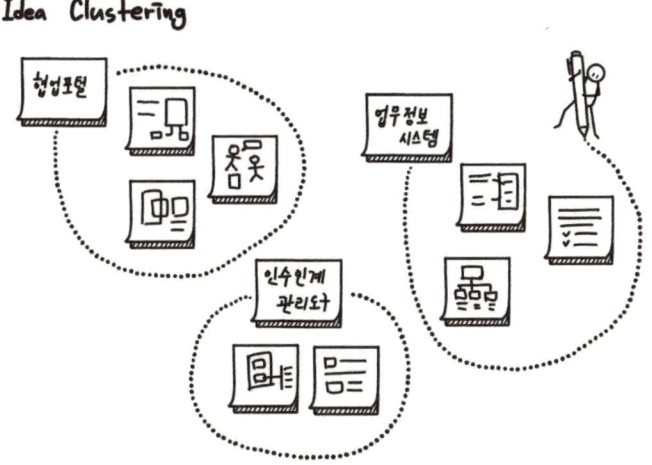

수 있다. 아이디어 사이에 조금이라도 다른 디테일이 있고 그 차이에 의미가 있다면 다른 아이디어 그룹으로 분류하는 것을 권장한다. 그리고 아이디어가 많지 않은 경우에는 그룹화 과정을 하지 않는 것이 좋다. 필수 과정은 아니라는 점만 인지하기 바란다.

④ 아이디어 우선순위화

우선순위화idea grid는 여러 아이디어 리스트 중에 핵심이기에 먼저 적용할 아이디어를 선정하는 과정이다. 우선 순위는 비즈니스 중요도(아이디어 적용 시 비즈니스 효과의 크기), 실행 가능성(기술 적용 가능성 및 예산 규모)을 함께 고려해서

그림 12 아이디어 우선순위화

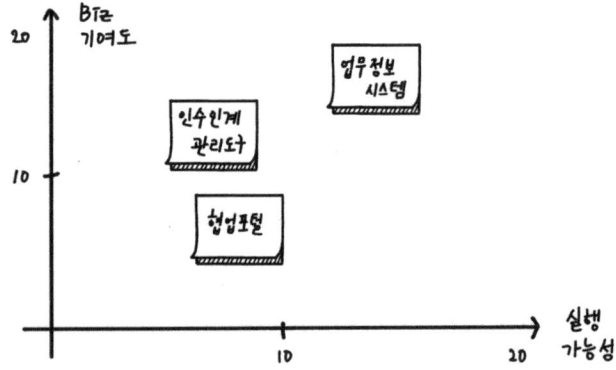

여러 아이디어 중에 우선 적용할 핵심 아이디어를 도출하는 것이다. 여기서 도출된 핵심 아이디어가 솔루션이 될 것이고, 프로토타입으로 만들어지게 될 것이다. 아이디어 우선순위화 과정에서 함께 고려할 것이 '아이디어 업그레이드'이다. 우선순위가 낮은 아이디어지만 세부 내용을 보완한다면 실행 가능성이 높아지거나, 아이디어의 기대 효익이 커질 수도 있기 때문이다. 아이디어는 하나도 버릴 게 없다는 교훈을 고려하여, 우선순위화와 업그레이드를 함께 수행하는 것을 권장한다.

⑤ 아이디어 구체화(솔루셔닝)

우선 적용할 아이디어를 선정했다면, 선정된 핵심 아이디어가 사업에 적용될 수 있도록 구체화해야 한다. 보통 이를 아이디어 캔버스idea canvas를 작성한다고 한다. 아이디어를 상세하게 작성하는 방법은 다양하게 있으나, 기본적으로 아이디어 이름, 아이디어에 대한 설명, 아이디어가 고객에게 주는 혜택, 아이디어 작동 원리, 아이디어 구조도, 아이디어에 들어가는 세부 기능 리스트를 정리하는 것이 좋다. 이와 함께 아이디어의 제약 및 고려 사항을 함께 정리한다면 아이디어 적용에 더욱 효과적일 것이다.

그림 13 아이디어 캔버스

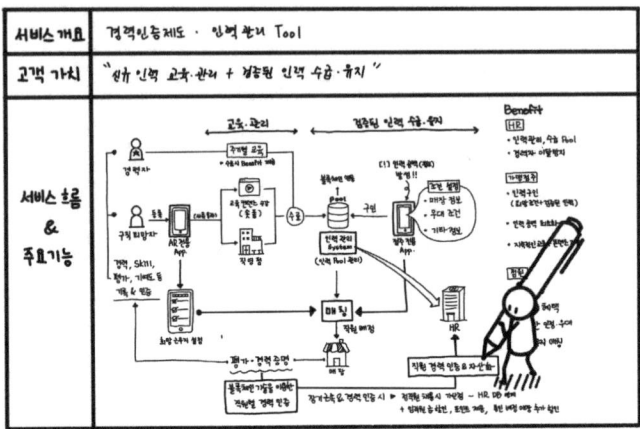

+ 💡 **Tip 아이디어의 창의성과 함께 실행 가능성도 고려**

디자인씽킹 과정에서 가장 중요한 부분은 고객이 놀라워할 수 있는 사업 및 서비스를 기획하는 것이기에 아이디어 과정에서 지나치게 기술 구현 가능성feasibility을 고려하는 것은 적절하지 않다. 다만 아이디어를 발굴한 이후 핵심 아이디어에 대해 프로토타입을 만드는 과정에서는 간단하게라도 기술 구현 가능성을 점검하는 것이 필요하다. 왜냐하면 결국 사업화를 할 때 구현이 너무 오래 걸리거나 비용이 너무 많이 소요되는 것은 사업화되기 어렵기 때문이다. 1차적으로 기술 구현 전문가Digital Engineer, Technical Architect가 아이디어 우선 순위화하는 작업에 참여하여 구현 가능성을 점검하는 것이 효과적이며, 프로토타입 대상을 선정할 때 참여한다면 효과적인 방안이 될 수 있다.

⑥ 비즈니스 모델 구체화(사업화 목표 시)

아이디어 상세화가 완료되면 아이디어 단계는 마무리된다. 하지만 경우에 따라 아이디어에 대한 비즈니스 모델을 작성하는 경우가 있다. 이 아이디어가 사업화된다면 어떤 형태이며, 어떤 결과를 만들 수 있을지 예상해보는 것이다.

비즈니스 모델링에는 여러 가지 기법이 있으나, 내 경험으로는 비즈니스 모델 캔버스business model canvas가 디자인씽킹 활동에 적합하다. 비즈니스 모델 캔버스를 제작 할 때, 9개 블럭의 의미와, 역학 관계를 잘 알아야 간결하면서 의미 있는 비즈니스 모델을 만들 수 있다. 자세한 내용이 궁금하다

그림 14 비즈니스 모델 캔버스

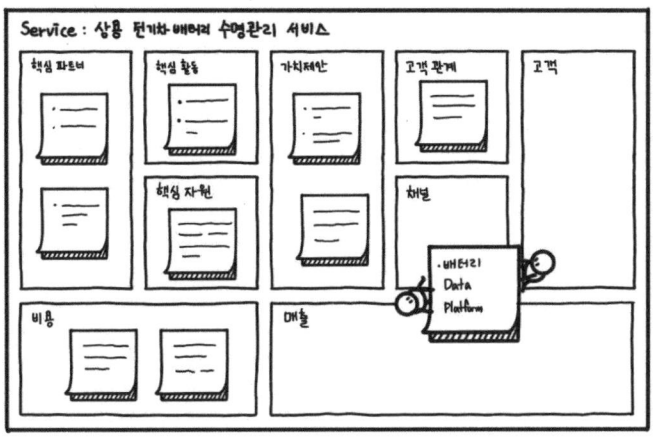

면 시중에 있는 책이나 유투브 등을 찾아보길 바란다. 디자인씽킹 과정에서 9개 블럭을 반드시 완벽하게 작성할 필요는 없다. 아직 초기의 아이디어이므로 고객 가치 제안 정의에 집중하고, 아이디어 적용에 따른 수익과 비용을 정의하는 것이 중요하다. 그 이후에 나머지 블럭을 하나씩 채워보는 것이 좋다. 스프린트 방식에 맞게 포스트잇을 사용해 스프린트 구성원들과 미니 워크샵 방식으로 수행한다면, 신속하면서 간결한 비즈니스 모델을 만들 수 있을 것이다.

5. 프로토타입 제작

○ **목표**
- 아이디어 구체화
- 제품/서비스의 핵심 영역 시각화
- 고객 관점의 제품/서비스 사용 시나리오 정의

프로토타입 제작은 아이디어를 구현하기 위한 도구라고 생각하면 된다. 최종적으로 아이디어가 고객들에게 제품이나 서비스로 출시된다고 할 때, 디자인씽킹 과정에서는 미리 어떤 컨셉과 형태로 아이디어가 출시될 것인지 예시로 구체화해볼 필요가 있다. 그때 만들어지는 제품과 서비스를 프로토타입이라고 한다. 이 프로토타입을 보완하고 수정하다보면 최종 출시 제품과 서비스가 완성된다.

디자인씽킹 스프린트에서 프로토타입 제작에 많은 시간과 노력을 들이지 않는 것이 좋다. 지금 아이디어가 구현되는 모습만 설명할 정도면 된다. 아직 미완일 수도 있고, 매우 조악할 수도 있다. '아~ 이렇게 만들어진다는 거구나' 정도만 전달하면 된다. 프로토타입에서 한 가지 명심할 것이 있다. 프로토타입은 언제든 버릴 수 있다는 것이다. 프로토타입은 완성된 제품이 아니다. 언제든 과감히 버릴 수 있다는 마음으로 만들어진 프로토타입에 집착하지 말고, 초기부터 집중했던 고객 공감 결과와 아이디어에 집중하는 것이 좋다. 프로토타입은 언제든 다시 만들면 된다.*

◉ 수행 과정

① 스토리보드 정의

  선정된 핵심 아이디어를 제품/서비스로 만들기 위해 활용하는 도구가 스토리보드story board다. 아이디어가 고객과 사용자에게 어떻게 적용될 것인지를 만화처럼 만들어 보는 것이다. 고객 입장에서(고객이 주인공인 만화라고 생각하면 된다) 이용 흐름을 중심으로 그려보되, 아이디어(제품/서비스)가 고객에게 어떤 혜택과 가치를 제공하는 지가 강조되도

- 프로토타입을 통해 제품 또는 서비스 컨셉이 검증되었다면, 이후에는 시장과 고객에게 실제로 출시할 수 있는 MVPMinimum Viable Product를 개발할 수 있다. MVP는 작동 가능한 최소 기능을 구현한 제품이다. 실제 사용자 대상으로 제품과 서비스를 출시하고, 출시된 제품과 서비스를 실제 시장에서 검증하고, 이후 개선 작업을 통해 제대로 된 제품과 서비스를 완성할 수 있다.

록 표현하는 것이 좋다.

그림 15 스토리보드

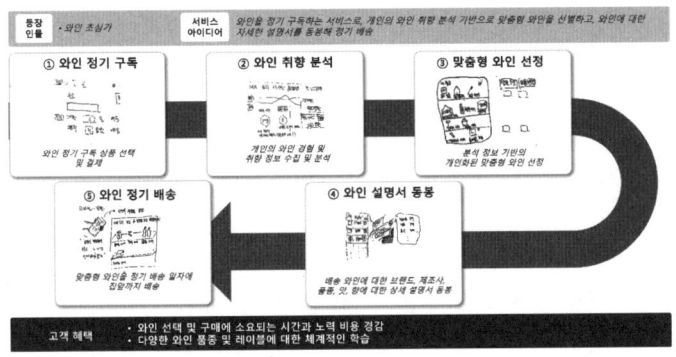

② 프로토타입 유형 결정

고객 관점의 스토리 보드가 완성되었다면, 이 스토리보드를 중심으로 프로토타입을 제작할 수 있다. 프로토타입을 제작하는 방법은 다양하고, 과제 유형과 아이디어 특성에 따라 다르게 적용하는 것이 좋다. 스토리보드를 가장 잘 반영할 수 있고, 제품/서비스 특성을 잘 표현할 수 있는 프로토타입 방법을 선택해야 한다. 이 책에서는 서비스와 제품(하드웨어, 소프트웨어)으로 구분하여 방법을 분류했다. 그중에서도 내가 스프린트를 수행하면서 주로 활용했던 프로토타입 방법에 대해 좀 더 상세하게 설명하고자 한다.

- 서비스
  - 서비스 시나리오 : 서비스 제공을 통해 변화되는 고객의 미래 경험 여정을 시나리오 형태로 제작. 경우에 따라 비디오로 제작해 실제 환경에서 어떻게 적용되는지 이해하기 쉽게 전달 할 수 있음.
  - 브로슈어/세일즈 툴킷 제작 : 서비스 출시 또는 홍보한다고 상정하고, 고객 입장에서 체감 가능한 기능이나 차별화 요소를 담은 가상의 자료 제작.
  - 레고 프로토타이핑 : 레고(블록)를 재료로 사용하여 서비스를 제공하는 공간 설계 및 공간 중심의 프로세스를 입체적으로 시뮬레이션 할 수 있음.
  - 롤플레잉 : 사용자와 서비스 제공자 간의 상호작용을 시뮬레이션함. 참가자들은 다양한 역할을 맡아 실제 상황을 재현하고, 이를 통해 경험의 흐름, 사용자의 니즈, 문제점 등을 파악.

- 소프트웨어(S/W)
  - 종이 프로토타이핑 Lo-Fi : 초기 아이디어나 디자인 컨셉을 빠르게 시각화함. 주로 웹사이트나 앱 화면의 레이아웃과 인터페이스, 영역별 정보 등을 표현하는 데 사용.

- 서비스 화면 프로토타이핑Mid-Fi : UI 요소, 레이아웃, 네비게이션 흐름 등을 포함하여 서비스의 시각적 구성과 컨셉을 표현. 사용자 경험UX을 최적화하기 위해 사용자의 반응을 테스트하고 이해하는 데 중요한 역할을 함.
- 디지털 프로토타이핑Hi-Fi : 피그마Figma, 포토샵 등의 디지털 툴을 활용하여 실제와 유사한 UI 디자인, 인터랙티브한 요소를 포함할 수 있음. 이를 통해 사용자 경험을 실제와 가깝게 시뮬레이션하고, 피드백을 기반으로 개선 가능.

● 제품

- 목업mock-up 제작 : 제품의 시각적 모형이나 디자인 컨셉을 표현하는 데 사용. 이는 실제 제품의 외관, 디자인, 레이아웃, 크기 등을 시각적으로 시뮬레이션하며, 실제 제품이 어떻게 보일지를 미리 예측할 수 있음.
- 3D 프린트 제작 : 물리적 제품의 형태와 기능을 직접 만져보며 테스트하기 위해 사용. 3D 툴을 활용하여 빠르게 제작할 수 있지만 프린팅을 하기 위한 환경이 셋팅되어야 함.
- 데이터 시트 제작 : 전통적인 프로토타이핑과 다른 개념이지만, 프로토타이핑을 통해 얻게 된 사용자 피드

백의 중요 정보나 기술적 특성 등을 명시함. 이를 통해 고객, 파트너, 또는 내부 팀에게 중요한 정보를 제공하는 데 사용.

• 서비스 프로토타입 제작

　이젠 정의된 스토리보드를 고객에게 제공할 서비스로 일차 완성해보는 프로토타입을 구현해야 한다. 서비스 프로토타입은 서비스의 작동 원리와 특징, 그리고 고객에게 어떤 가치를 제공할 것인지를 명확히 표현해주어야 한다. 서비스는 형태가 없는 제품이므로 그림과 설명으로 전체 과정을 표현하는 것이 좋다. 아래의 예시와 같이 시나리오로 표현할 수 있고, 경우에 따라서는 모바일 앱 화면으로 프로토타입을 제작할 수도 있을 것이다.

　프로토타입은 버려진다고 생각하고 과감하게 만들 필요가 있다. 프로토타입은 우리가 기획한 제품/서비스의 컨셉을 파악하기 위한 도구일 뿐이다. 따라서 이 프로토타입을 오랫동안 공을 들여 완성도를 높이기보다는 빠른 시간 안에 컨셉을 구체적인 결과물로 만든다는 생각으로 짧고 굵게 만드는 것이 좋다. 그리고 프로토타입에 대한 고객 피드백을 신속하게 받아서 보완 또는 폐기하면서 진짜 제품/서비스에 다가가는 것이다.

고객의 피드백을 받기 위해서는 그럴싸하게 보이게 껍데기 또는 외관을 꾸밀 필요는 있다. 고객이 완벽하지는 않지만 제품/서비스를 체험하는 느낌이 들 정도로 말이다. 고객은 엉성한 프로토타입이라도 컨셉을 이해할 수 있다면 기꺼이 피드백과 의견을 줄 것이다.

그림 16 서비스 프로토타입(To-be 시나리오)

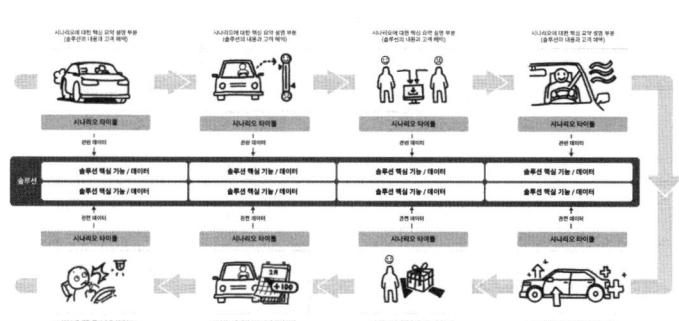

그림 17 서비스 프로토타입

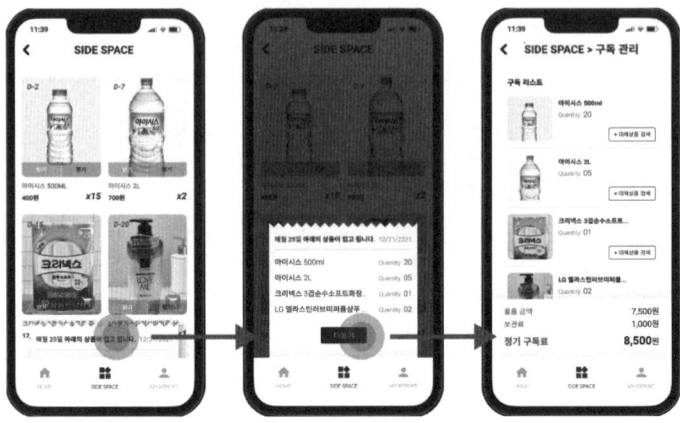

+ 💡 **Tip 서비스 화면 프로토타입 제작을 위한 툴 사용**

통상 서비스 화면에 대한 프로토타입을 제작할 때는 디자인 도구를 사용하게 된다. 다양한 솔루션이 존재하나, 피그마 솔루션이 널리 사용되고 있다. 웹 기반의 높은 접근성, 방대한 플러그인, 실시간 협업 등을 지원해 많은 기획자, 디자이너의 지지를 받고 있다. 사용법 역시 난이도가 높지 않아 독학이 가능한 점 역시 장점이다.

6. 평가 및 피드백

○ **목표**
- 프로토타입에 대한 고객 의견 수렴
- 수용성, 가능성, 지속성 평가
- 사업화 여부 의사 결정

 평가 및 피드백 단계에서는 스프린트를 통해 발굴된 아이디어, 비즈니스 모델, 프로토타입 등을 검토하고, 사업화 진행 여부를 결정한다. 평가 및 피드백에서 제일 중요한 기준은 고객의 의견과 판단일 것이다. 고객에게 필요한 제품과 서비스를 만들기 위해 시작한 디자인씽킹인 만큼 고객을 실제로 만나서 심층적인 평가를 받을 필요가 있다. 고객에게 받은 평가와 피드백을 바탕으로 최종 제품/서비스를 완성해 가면 된다.
 만일 고객에게 공감을 얻지 못했다면, 프로토타입을 다시 수정하거나, 아이디어를 보완하거나, 아니면 처음 고객 공감 단계 다시 시작하는 것을 권장한다. 힘든 과정이겠지만 두려워하진 말자. 평가 및 피드백 단계는 순서상 마지막 단계지만, 이 과정은 선형linear이라기보다 순환형loop 과정이다. 평가와 피드백이 끝이 아니라 고객 공감, 아이디어 발굴, 프로토타입 제작을 지속적이고 반복적으로 수행해야 함을 기억하자.

○ 수행 과정

① 프로토타입 의견 수렴

프로토타입에 대해 고객 또는 사용자에게 진솔한 피드백을 받는 활동이다. 인터뷰 또는 간담회 등의 형식에 구애 받지 말고, 프로토타입을 들고 잠깐이라도 실제 고객을 만나서 이야기를 들어보는 것이 효과적이다. 우리가 생각하지 못했던 부분까지 지나가는 한 마디 의견을 줄 수도 있다.

평가 및 피드백을 마지막 단계인 것처럼 표현했지만, 정확히 말하자면 마지막에 이뤄지기보다는 모든 단계 별로 고객의 의견을 청취listen하는 과정이다. 스프린트 주제를 정하는 과정, 고객과 공감하는 과정, 니즈를 정의하는 과정, 아이디어를 발산하는 과정, 프로토타입을 만드는 과정 모두에서 항상 고객으로부터 피드백을 받는 것이 중요하다.

그림 18 프로토타입 의견 수렴

② 프로토타입의 평가

고객 및 사용자에게 피드백을 받아서 프로토타입을 보완했다면, 이젠 프로토타입을 사업화할 것인가를 심도 있게 고민하고 판단해보자. 일반적으로 3가지 척도로 판단하는 것을 권장한다. 첫째는 수용 가능성desirability이다. 프로토타입으로 구현된 제품/서비스가 고객 입장에서 유용하고 필요한지를 평가하는 항목이다. 스프린트 결과를 놓고, 고객의 핵심 고충 해결 및 경험 개선 관점에서 얼마나 매력적인지를 평가해보자. 둘째는 실현 가능성feasibility이다. 기업 관점에서 해당 제품/서비스를 만들 수 있는 역량, 인프라, 파트너십을 확보하고 있는지 평가하는 항목이다. 사업화 주체로서 기업 입장을 함께 고려해보자. 마지막으로 지속 가능성viability이다. 제품/서비스를 사업으로 시작했을 때 예상되는 비용과 매출을 예측해보고, 고객이 실제로 비용을 지불할 의사가 있는지 평가하는 항목이다. 반복 구매 등으로 지속 가능한 제품/서비스가 될 것인지 평가해보자.

③ 사업화 의사결정

수용-실현-지속 가능성 평가 결과 기반으로 제품/서비스에 대해 사업화scale up, 보완pivoting, 폐기drop를 결정하는 과정이다. 사업화로 판단되면, 프로토타입을 참고해 신속한 제품/서비스 구축 계획을 수립하고, MVP 개발을 추진할 수 있다. 보완으로 결정된 경우, 평가 점수가 낮은 영역을 다시 검토하고, 다시 디자인씽킹 과정을 수행하면서 개선된 솔루션을 만들게 된다. 폐기로 결정되면, 디자인씽킹 과정을 중단하면 된다. 다만 이 과정에서 혁신에 대한 교훈을 별도로 정리해두면 새롭게 시작하는 혁신 활동에 밑거름으로 삼을 수 있다.

> **Tip 최종 결과물 발표 때 후속 사업화 여부도 결정**
>
> 혁신 활동에 대한 최종 결과물 발표pitch day 때 결과 발표와 함께 향후 계획을 공유하고, 향후 좀 더 혁신 활동을 지속할 것인지 또는 사업화할 것인지를 결정하는 것이 중요하다. 경영진 및 임원진이 참여하는 혁신 위원회를 통해 고/노고go/no go 결정을 하는 것도 효과적인 방법이다. 하지만 간과하지 말아야 할 것은 디자인씽킹을 통한 혁신 사업/서비스 아이디어를 발표하는 자리는 참가자들의 혁신을 위한 노력으로도 큰 의미가 있다. 일하는 방식의 변화 차원에서 혁신 활동 과정을 격려하는 것은 매우 중요한 과정이다. 결과 못지 않게 과정상의 독려가 중요하다.

디자인씽킹, 비즈니스 혁신을 주다

III.
디자인씽킹을 이용한 비즈니스 혁신 사례

1. 하이퍼로컬 커머스 신사업 기획(유통)
   - 현장으로부터의 편지 1: 초라했던 내 첫 워크샵
2. MZ세대 메타버스 플랫폼 기획(금융)
   - 현장으로부터의 편지 2: 의외로 너무나 중요한 스킬 하나
3. 데이터 서비스 신사업 기획(IT)
   - 현장으로부터의 편지 3: '아니오'라고 말해야 할 때
4. IoT 서비스 사용성 개선(전자)
   - 현장으로부터의 편지 4: 마지막까지 마음을 놓아서는 안 되는 한 가지
5. 디지털기기 건강 관리 기능 기획(전자)
   - 현장으로부터의 편지 5: 빌런은 어디에나 있다
6. 온라인 커머스 고객 불만 개선(유통)
   - 현장으로부터의 편지 6: 공감을 위해서는 속도를 포기할 수도 있다
7. 인공지능 기반 업무효율화(제조)
   - 현장으로부터의 편지 7: 팀원의 능력을 믿어라
8. 데이터 기반 금융 서비스 기획(금융)
   - 현장으로부터의 편지 8: 디자인씽킹은 결국 인간을 이해하는 일이다
9. 핵심 인재 디지털 혁신 역량 육성(제조)

1. 하이퍼로컬 커머스 신사업 기획

- 산업: 유통
- 스프린트 유형: 신사업 개발
- 스프린트 목표: 고객과의 소통 강화 및 고객 유입

◎ **스프린트 배경**

국내 유통업계의 경쟁은 치열한데, 점포를 이용하는 기존 유통사들은 새로운 온라인 전용 커머스(쿠팡, 마켓컬리 등)의 등장으로 더 치열한 경쟁에 직면했다. 점포를 통해 신선 식품과 생필품을 판매하던 A사는 업계의 변화에 맞춰 온라인 판매로 진출했으나 고전을 면치 못하고 있었다. 전통적인 마케팅 수단인 전단지와 쿠폰 등을 강화해 매장 방문을 유도하려 했으나 이 역시 성공을 거두지 못했다.

이런 상황을 극복하고자 점포 주변에 거주하는 고객과 양방향 소통 가능한 마케팅 앱을 개발해, 주변 고객의 긴밀한 소통은 물론 주변 상권과 협력해 점포 방문 고객 증가와 효과적인 마케팅 수행을 희망했다.

야심차게 앱 개발을 시작했으나, 어느 고객부터 접근하고 앱 내에 어떤 서비스를 기획할 것인지가 막연해 진척이 없었다. 그래서 과거 함께했던 컨설턴트에게 디자인씽킹 개념을 소개를 받고, 이번에는 책상에 앉아서 서비스를 기획하기보다는 디자인씽킹을 통해 고객을 만나고 고객의 니즈에 맞게 서비스 컨셉을 신속하게 만들어보기로 결심했다.

스프린트 과정

방향 설정 & 고객 공감

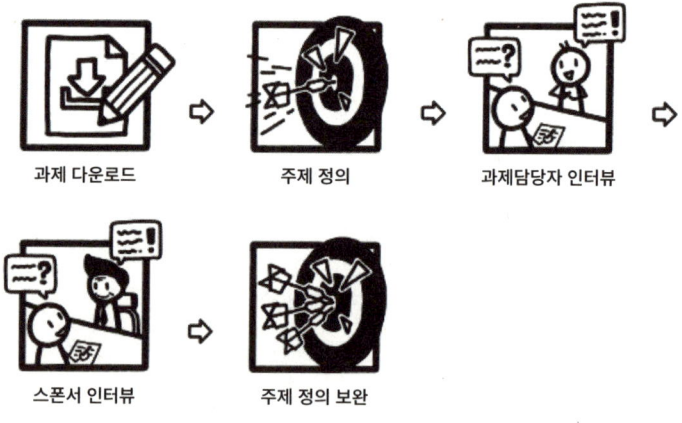

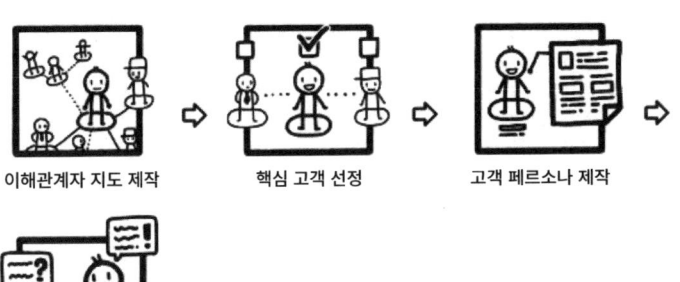

- **고객 정의 및 혁신의 범위 선정**

아이러니하게도 산업내의 강자로 군림하는 기업들이 자신의 목표 고객을 구체적으로 정의하지 못하는 경우가 많다. 워낙 비즈니스가 잘 되고 있어서 목표 고객을 구체적으로 생각하지 못했던 것이다. A사 역시 유통업을 오랫동안 수행해 왔음에도 목표 고객의 모습이 명확치 않았다. 그저 '매장에서 물건을 사는 모든 사람'으로 바라보고 있었다.

이에 미니 워크샵 형식을 통해 페르소나를 작성하면서 고객을 구체적으로 정의하는 일에서 출발했다. 대표 페르소나는 최근 마케팅 캠페인 대상이었던 퇴근길 워킹맘과 동네에서 가장 많은 시간을 보내고 있는 전업 주부를 선정했다. 추가로 미래에 핵심 고객이 될 수 있고 잠재적인 구매

력이 있는 1인 가구를 포함했다. 각 고객의 페르소나를 설정해보고, 페르소나별로 동네 생활 경험 여정에 집중해 서비스를 기획하기로 했다.

니즈 정의

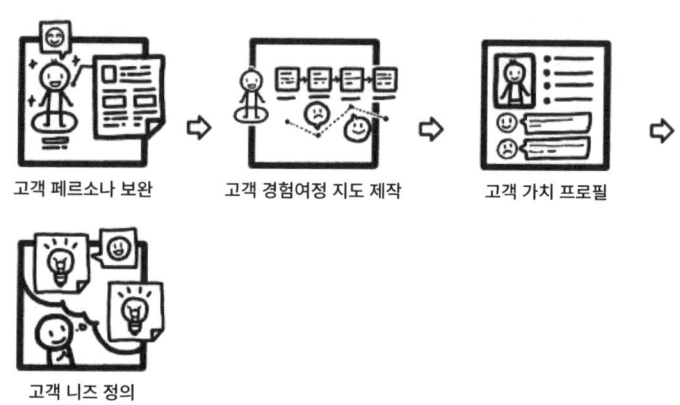

고객 페르소나 보완 → 고객 경험여정 지도 제작 → 고객 가치 프로필 →

고객 니즈 정의

- **페르소나별 고객 공감 활동을 통한 고충 파악**

  스프린트 팀들의 주변 사람 중에 편하게 인터뷰할 수 있는 사람들을 페르소나에 맞게 섭외하기로 결정하고, 워킹맘, 전업 주부, 1인 가구를 스프린트 팀 6명이 각각 3~4명씩 섭외해 동네 생활 경험을 듣고 주어진 환경에서 어떤 행동들을 하는지, 어떤 고충이 있고 기대하는 바는 무엇인지 등을 묻는 공감 인터뷰를 수행했다. 고객 공감 인터뷰를 효율적으로 하기 위해 사전에 어떻게 인터뷰를 진행해야 하는지 내부 교육을 진행했고, 인터뷰 리허설을 통해 인터뷰 항목 및 과정을 사전에 보완했다. 고객 공감 인터뷰 결과 워킹맘의 아이 먹거리 케어에 대한 고민, 전업 주부의 바쁜 일상으로 인한 동네 정보 부족 및 탐색의 어려움, 1인 가구의 생활 공간 여유 부족 등이 주요 고충이라는 것을 파악할 수 있었다.

아이디어 발굴

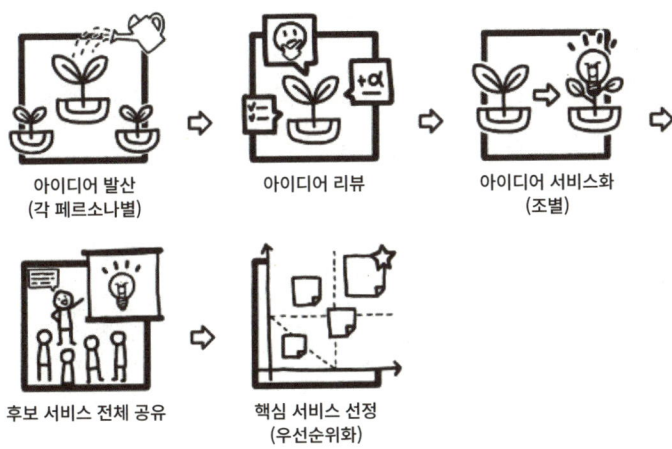

- **아이디어 발굴 및 핵심 서비스 선정**

    고객 페르소나별로 파악한 주요 고충을 해결할 수 있도록 총 100여 개의 아이디어 씨앗을 포스트잇을 활용해 발굴했다. 아이디어 발굴 세션은 스프린트 멤버들이 모여서 고객의 핵심 고충을 벽에 붙여 놓고, 고충 해결을 위한 아이디어를 영역과 내용의 제한 없이 마구잡이로 작성하게 했다.

 초기 아이디어는 포스트잇을 통해 간략하게 제목과 작동 모습 정도만 작성했고, 참가자별 아이디어 씨앗을 1:1로 설명하고 보완해 스프린트 팀 전체의 아이디어로 정리했다. 그렇게 총 100여 개의 아이디어 씨앗이 만들졌으며, 아이디어를 그룹화해 서비스 수준으로 만들어 본 후 최종적으로 각 페르소나별로 사업화 가능한 핵심 서비스를 선정했다. 선정된 핵심 서비스는 상세화 템플릿을 통해 서비스 이름, 서비스 구현을 통해 얻는 고객 가치, 서비스 작동 원리, 구현 이미지, 적용 기술을 정리했다.

프로토타입 제작

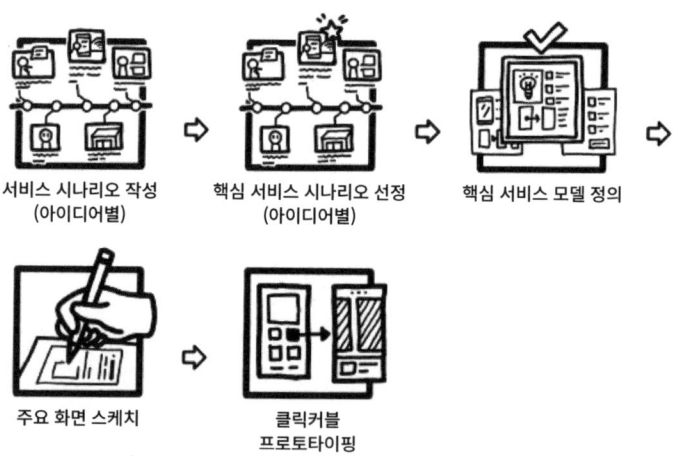

- **작동 가능한 프로토타입 제작**

　개념적으로 완성된 서비스를 실제와 같이 구동되는 앱 화면 형태로 프로토타이핑했다. 이때 디자인 전문가가 아닌 실제 서비스를 기획 및 운영할 현업 담당자들이 참여해 앱으로 구현되기를 희망하는 화면을 직접 손으로 그리도록 했다. 현업 담당자들이 디자인 전문가가 아니라서 그림 자체는 조악했으나, 실제 고객이 원하는 컨셉과 비즈니스적으로 가능한 컨셉을 함께 고려하여 주요 컨셉을 프로토타입에 명확히 반영할 수 있었다.•

　이후 현업 담당자가 손으로 작성한 스케치 자료를 기반으로 UX 디자이너 UX designer가 2일 정도 작업을 해서 실제 작동하는 것처럼 보이는 클릭커블 프로토타입 clickable prototype을 제작했다.

- 신사업/서비스의 경우, 서비스 컨셉을 문서로 상세하게 전달하기에는 한계가 있을 수 있다. 따라서 실제처럼 작동되는 모습을 보여주는 것보다 강력한 설명은 없다. 시중에 Figma를 비롯해 많은 도구들이 있으므로 그 도구를 이용하여 실제처럼 보이도록 만들어보는 것을 권장한다. 미래의 앱서비스가 스마트폰에서 작동되는 모습을 실제처럼 보여줄 수 있다면 주요 이해관계자가 사업화 의사결정을 신속하게 할 수 있기 때문이다.

평가 및 피드백

스폰서 보고 및 시연 　　사업화 여부 의사결정 　　개발 기획 논의

스프린트 결과
개발 조직 이관

- **경영진 대상 보고**

　스프린트 결과물과 최종 프로토타입이 만들어지는 즉시 지체하지 않고 경영진 대상으로 설명회를 수행했다. 기존의 임원 보고 형식이 아닌, 중간 결과물 형식의 미완성 결과물을 신속하게 공유하고 경영진의 피드백을 받기로 한 것이다. 전체 스프린트 과정을 간략히 정리한 후, 고객 페르소나, 고객 공감 활동 결과, 핵심 서비스 컨셉을 설명했다. 그 후 제작한 프로토타입의 작동 과정을 시연했다. 덕분에 경영진은 직관적으로 서비스 특징을 이해했고, 이후 사업화 여부도 곧바로 결정했다.

- **앱개발 부서와의 개발 기획 세션 수행**

  스프린트 기획 내용이 사업화로 신속하게 연결될 수 있도록, 실제 개발을 수행할 부서와 개발 전문가가 참여해 사전에 고려할 기술 요인, 개발 요건, 예상 비용, 장애 요인 등을 논의했다. 2회에 걸친 세션을 통해 향후 개발을 담당할 인력들의 신사업 기획에 대한 이해도를 향상시킬 수 있었고, 개발 준비 기간을 일부 단축함으로써 신속한 사업화 추진의 토대를 마련할 수 있었다.

◎ 교훈

- **고객 공감 인터뷰는 철저하게 준비해야 한다**

  고객의 고충과 니즈를 명확히 파악할 수 있는 가장 유용하고 중요한 수단 중 하나가 인터뷰다. 그리고 그 인터뷰 목적을 달성하기 위해서는 인터뷰의 질문이 적절해야 하며, 인터뷰 진행을 원활하게 수행해야 한다. 따라서 인터뷰를 수행하는 스프린트 팀 구성원과 인터뷰 목적을 설정하고, 인터뷰 문항을 설계하는 시간을 충분히 가져야 한다. 그리고 인터뷰 질문을 어떻게 하고, 대상자의 반응을 어떻게 캐치할 것인지, 그에 따라 결과 해석과 시사점을 어떻게 발굴한 것인지를 포함하는 인터뷰 수행 가이드를 제공해야 한다. 그뿐만 아니라 설계된 인터뷰 항목을 토대로 인터뷰 리허설을 해보면서 철저히 준비하는 것을 잊지 말아야 한다.

- **애자일한 접근의 핵심은 경영진의 스폰서십이다**

A사의 경우 경영진에서 디자인씽킹을 통한 서비스 기획을 강력히 추진하면서 시작됐다. 방법론과 과정을 경영진이 강력하게 지원하면 스프린트 팀 구성, 워크샵 참여 강도, 조직내 유관 부서의 협조는 물론 최종 프로토타입에 대한 경영진의 사업화 의사결정 모두가 신속하게 이루어졌다. 애자일한 접근은 경영진의 스폰서십 없이 힘든 경우가 많다. A사의 경우 무엇보다 디자인씽킹 기반 혁신 활동에 참가한 직원의 혁신 마인드 변화를 경영진이 높게 평가함으로써 애자일하게 일하는 방식의 변화를 이룰 수 있었다.

- **개발 기획은 바로 이어서 하자**

기획된 서비스는 실제로 구현해 사업화로 이어지게끔 하는 것이 중요하다. 이를 위해서는 개발 관련 인력이 서비스 기획 스프린트 후반에 합류해야 하며, 이들과 함께 향후 구현 및 개발 방향을 논의하는 것이 매우 중요하다. 미리 하지 않으면, 개발 단계에서 서비스 기획 과정을 다시 처음부터 하나하나 설명해야 하는 리스크가 발생한다. 시간 낭비와 지연은 애자일 접근의 최고 적이므로 미리미리 개발 관련 요건 정리 세션을 수행하는 것이 좋다.

현장으로부터의 편지_1
초라했던 내 첫 워크샵

　처음 디자인씽킹 워크샵 진행을 맡았던 날을 떠올리면, 저절로 두 손으로 얼굴을 가리고 한숨을 쉬게 된다. 생지옥에 가까울 만큼 참혹했다.
　워크샵을 어떻게 진행할지 막막해서 머리는 하얘지고, 목소리는 파르르 떨렸다. 심지어 말까지 더듬었다. 설상가상으로, 내 앞에 있는 고객 참가자는 자기 분야의 베테랑이었다. 머릿속에서 이런 생각들이 떠나질 않아 불안에 떨었다. '내가 말한 게 틀렸나?', '내 말을 듣고는 있나?' 내 초기 워크샵 진행은 정말 초라했다. 주어진 워크샵 시간을 제대로 활용하지 못했고, 아이디어 과정을 참가자 모두가 집중하지 못했다. 물론 워크샵 결과는 말할 것도 없이 성공적이지 못했다.
　초라했던 첫 번째 진행 경험이 교훈을 주었다. '워크샵 진행자인 내가 흔들리면 참가자들은 더 크게 흔들리고, 워크샵은 아무리 능력 있고 똑똑한 사람들을 모아놓아도 엉뚱한 곳으로 간다.' 실제로 내 첫 워크샵은 수준 높은 고객 참가자들을 모았던 것이 무색하게 별다른 성과를 내지 못하고 추후에 엄청난 보충 과정들을 거쳐야 했다.
　유명한 연극 배우들이 항상 하는 말을 되새겼다. "연습은 우리를 배반하지 않는다." 워크샵 진행의 실패를 극복하기 위해 혼자만의 리허설을 수없이 반복했다. 아내는 아마 방에서 혼자 뭘 하나 싶었을 것이다. 참가자들의 질문을 예상해보고, 자신 없는 부분을 찾아서 보충했다.

내가 리드하는 상황을 시뮬레이션했다. 앞에서 워크샵을 리드하는 시간만큼은 내가 주도해야 한다. 배의 선장은 나고, 참가자들은 선원이다. 그들은 나만 바라본다. 워크샵의 전문가는 나다. 선장이 되어 배의 방향과 속도를 조절해야 한다. 때로는 농담도 하고, 그들이 흥미로워할 이야기를 전하며 나만의 시간으로 만들어라. 내가 즐길 수 있는 시간으로 만들어야 한다. 디자인씽킹 수행 경험이 많지 않은 독자에게 해주고 싶은 말은 "연습을 충분하게 하고 쫄지 말고 과감하게 진행하라"는 것이다.

2. MZ세대 메타버스 플랫폼 기획

- 산업: 금융
- 스프린트 유형: 서비스 발굴
- 스프린트 목표: 미래 고객 행동 정보 확보

○ **스프린트 배경**

금융 산업은 디지털 전환 시대의 영향을 가장 많이 받고 있다. 플랫폼 기업과 핀테크와 같은 경쟁자의 출현으로 전통적인 금융사가 고전을 면치 못하는 일은 전세계적으로 나타나고 있다. B사 역시 보험 산업에서 오랫동안 국내 강자로 군림하고 있었으나, 신기술 기반의 경쟁사 출현과 MZ세대의 보험에 대한 관심 저하로 시장 입지가 점차 줄고 있었다.

가장 큰 문제는 고객 행동 정보였다. 계약 후에 계약 고객의 기본 정보만 파악하고 있을 뿐, 고객의 니즈와 행동 패턴을 이해할 만한 정보가 부족했다. 내부 논의 결과 미래 고객(특히 MZ세대)의 행동 패턴을 이해하고 서로 소통할 수 있는(직접적인 금융 관련 소통이 아니더라도) 디지털 채널을 만들기로 결정했다. 당장 매출이 발생하지 않더라도 새로운 가망 고객을 확보하고, 이를 통해 고객의 행동 정보를 획득함으로써 새로운 사업 기회 발굴을 희망한 것이다.

하지만 MZ세대와 어떤 주제로 어떤 소통의 장을 만들어야 할지 막연했고, 새롭게 채널을 만들기 위해 필요한 대규모 투자가 부담이었다. 이에 작게라도 MZ세대와 소통하고 가망 고객의 패턴을 이해할 수 있는 디지털 채널을 기획해 보고자 디자인씽킹을 통한 신속한 사업 기획이라는 접근을 시도하기로 했다.

스프린트 과정

방향 설정

과제 다운로드 ▷ 주제 정의 워크숍 ▷ 주제 정의서

- **스프린트 기간 내에 집중할 주제와 범위 설정**

　이 스프린트가 시작하게 된 배경은 금융 관련 매출로 당장 이어지지 않더라도 미래 고객인 MZ세대와 소통하고 그들이 활동할 수 있는 플랫폼이 필요하다는 것이었다. 하지만 이것만으로 디자인씽킹 스프린트를 시작하기 어렵다. 스프린트는 단기간에 집중에서 사업과 서비스 컨셉을 만드는 것이기에, 스프린트 참가자들 모두가 정해진 기간 내에 달성할 목표와 범위를 정확히 이해할 수 있어야 하고, 그렇기에 구체화 작업이 필요했다.*

　그래서 스프린트 팀이 구성되자마자 제일 먼저 각자가 생각하는 이번 스프린트에서 집중할 주제와 목표 고객을 이야기했다. 반나절에 걸쳐 서로의 계획을 이야기했고, 이번 스프린트 기간에 즐거우면서도 의미 있는 결과를 만들 수 있는 스프린트 주제와 목표 고객을 선정했다. 그 결과 MZ세대의 특성에 맞게 디지털 콘텐츠 제작과 판매가 가능한 디지털 아트 플랫폼을 기획하기로 했다.

- 경영진에서 제시한 테마가 큰 경우에는 스프린트 초기에 수행 기간에 맞게 주제를 세분화하고 목표 고객을 설정하는 것이 중요하다.

고객 공감

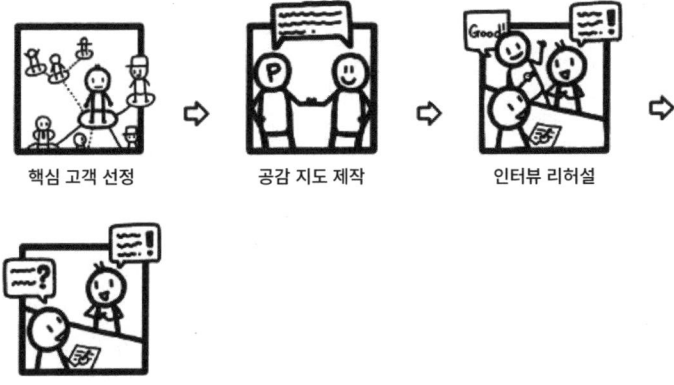

핵심 고객 선정 ➡ 공감 지도 제작 ➡ 인터뷰 리허설 ➡

고객 인터뷰

• **MZ세대 사용자 경험 공감**

　MZ세대라고 했지만 좀 더 정확하게는 주로 디지털 아트에 관심이 있는 10대, 20대 사용자가 대상이었다. 회사원이 보통 그렇듯 스프린트 참가자들은 당연히 이 세대가 아니었다. MZ세대를 만나러 나가야 했지만, 어디서 누구를 만나고 무엇을 물어봐야 할지 막막했다.

　스프린트 팀끼리 모여 사용자 공감을 위한 디자인씽킹 도구 중 하나인 공감 지도를 가설적으로 작성해 보았다. MZ세대의 디지털 아트 관련 행동, 주변으로부터 듣는 이야기, 생각하고 느끼는 것들을 일차적으로 이해할 수 있었다.

　공감 지도를 통해 디지털에 관심있는 MZ세대 초보 아티스트를 만나기 위한 공감 인터뷰를 설계했다. 디지털 아트를 제작하는 사람뿐만 아니라, 이를 감상하는 관객 관점에서의 인터뷰 항목도 함께 제작했다. 현장 인터뷰 전에 자체 리허설을 통해 MZ세대에 맞는 내용으로 보완하고 매끄러운 인터뷰 진행을 위한 스킬을 향상했다. 연습과 준비는 자신감으로 이어졌다.

  20대는 아니지만 준비된 인터뷰 질문지를 가지고 현장으로 나가 디지털 아트에 관심이 있는 MZ세대들과 인터뷰를 수행했다. 현장 인터뷰를 통해 제작자 입장에서는 자신의 창작물/콘텐츠를 홍보하고 판매할 공간 자체가 부족하다는 점을 발견했고, 콘텐츠 소비자 입장에서는 코로나로 인해 오프라인 문화 생활의 한계가 있다는 불편을 확인했다.

  10여 명을 인터뷰한 이후 스프린트 팀 모두가 모여 인터뷰 결과를 서로 공유하고 향후 스프린트 방향을 논의했다. 논의 결과 MZ세대가 상대적으로 관심이 많은 메타버스metaverse 환경을 통해 디지털 아트 전시장을 만들기로 했다. 메타버스 전시장이 인터뷰에서 발견된 고충과 충족되지 않은 니즈를 해결한다면 MZ세대 고객의 소통 장을 만들 수 있다고 판단했다.

니즈 정의

공감 지도 보완 → 고객 니즈 정의

- **신기술 트렌드 스터디와 기술 체험 병행**

당시 메타버스가 새롭게 등장한 기술이었기에 스프린트 참가자들은 메타버스 개념만 이해할 뿐 세부적인 내용까지는 잘 모르고 있었다. 기술에 대한 이해도를 높이기 위해 스프린트 팀 자체 스터디를 시작했다. 멤버 중에 상대적으로 이해도가 높은 멤버가 강사가 되어 강의 세션을 진행했다. 서로 질문도 하고 리서치도 병행하면서 메타버스 기술의 특징과 트렌드를 빠르게 이해할 수 있었다.

'백문이 불여일견'이라는 말처럼 듣기만 해서는 안 되고 직접 보고 만져봐야 한다. 가상현실 Virtual Reality, VR 기기를 구매하여 직접 체험하면서 메타버스 기술을 하나하나 습득했다. VR 기술 세미나와 기기 실습은 추후에 VR 서비스 아이디어 기획을 하는 단계에서 실질적이고 효과적인 아이디어를 만들 수 있는 상상력의 토대가 되었다. 스프린트 팀이 서로 협업을 잘하면 생소한 기술이라도 프로토타입으로 만들 수 있다는 자신감을 갖는 계기가 되었다.

• **메타버스 플랫폼 비교 및 VR 기반 서비스 리서치**

현재 상용화되어 있는 메타버스 플랫폼 리서치를 시작했다. 각 메타버스 플랫폼의 특징을 조사해 타깃 고객, 기술적 특징, 플랫폼의 장점과 단점, 서비스 확장 사례 등을 분석했다. 메타버스 자체 개발의 장단점과 현재 상용화된 메타버스 플랫폼 활용의 장단점 비교를 통해 향후 플랫폼 방향을 설정할 수 있었다. 이번 스프린트는 기간이 한정되어 있었기에, 상용화된 플랫폼을 활용해 컨셉 기획을 하기로 결정했다.

그리고 메타버스 플랫폼에서 제공되고 있는 VR 서비스를 자세하게 리서치했다. 이 조사를 통해 향후 진행할 VR 서비스 아이디어 발굴을 위한 기초 자료를 수집할 수 있었다. 기존 메타버스 플랫폼의 특징과 현재 제공되고 있는 VR 서비스 분석을 통해 디지털 아트 전시장 프로토타입으로 적합한 메타버스 플랫폼을 선정할 수 있었다.

• **가상의 홍보 기사 작성을 통한 미래의 고객 경험 설계**

고객 경험을 설계할 때 사용되는 대표적인 기법은 고객 경험 지도다. 하지만 고객이 실제 경험하지 못한 미래의 서비스를 설계할 경우에는 고객 경험 지도를 통해서 접근하기 다소 어렵다. 특히 메타버스와 같은 신기술 및 가상공간은 고객의 경험을 알기 어렵다.

고객이 경험해보지 않는 것들에 대해서는 고객 공감이 한계가 있을 수 있는데, 이럴 경우에는 차라리 미래의 이상적인 고객 경험을 상상으로 만들어보는 것이 효과적이다. 일반적인 디자인씽킹에서 활용하는 방법은 아니지만 아마존의 워킹백워드Working Backward 방법론에서는 신사업/서비스 개발을 위해 미래 홍보 기사Press Release, PR를 작성해봄으로써 이상적인 서비스 방향을 설정하기도 한다.* 이 서비스가 성공해 2년 후에 기사가 난다는 것을 가정해서 고객이 어떤 어려움이 있었는데, 새로운 서비스가 나타나서 어떻게 해결했고, 이 서비스를 이용하려면 어디로 가서 어떻게 경험할 수 있는지를 기사로 작성하는 것이다. 물론 미래 실제 고객이 체험해보고 느끼는 소감까지 작성하면 더욱 명확한 미래 경험을 만들 수 있다. 미래 홍보 기사 작성을 통해 메타버스를 통해 구현될 미래의 고객 경험을 구체적으로 스케치해 볼 수 있었다.

- PR 기법에 대해 좀 더 자세히 알고 싶다면, 다음 책을 참고하기 바란다. 콜린 브라이어·빌 카, 《순서 파괴: 지구상 가장 스마트한 기업 아마존의 유일한 성공 원칙》, 다산북스, 2021.

아이디어 발굴

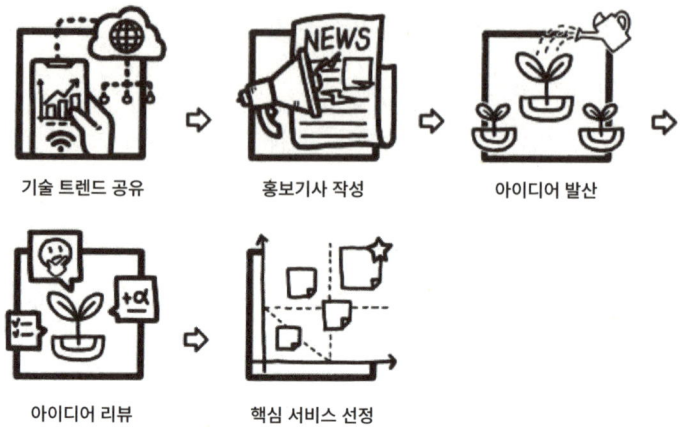

- 기술 트렌드 공유
- 홍보기사 작성
- 아이디어 발산
- 아이디어 리뷰
- 핵심 서비스 선정

- **메타버스 서비스 아이디어 발굴**

　홍보 기사를 통해 설계된 미래 경험을 구현하기 위해 세부적인 서비스 아이디어를 발굴했다. 아이디어 발굴을 위해 먼저 작은 포스트잇을 통해 각자 아이디어 키워드를 작성했다. 각자가 작성한 아이디어 키워드에 대해 다른 멤버들에게 간략히 설명하고, 1대1로 아이디어 키워드에 대해 서로 피드백을 공유하면서 아이디어를 보완해가며 구체화했다. 구체화된 아이디어를 한 군데로 모아서 서로 그룹핑하여 유사한 그룹으로 분류했고, 이 중에서 실행 가능성과 비즈니스 효과성이 높은 아이디어를 선별했다.

　선별된 아이디어는 아이디어 작동 원리와 아이디어 실현

에 따른 고객 가치 및 기업 가치 효과까지 함께 정의했다. 아이디어 발굴 과정에서 VR 기기를 곁에 두고, 관련한 VR 서비스는 어떻게 작동되고 있는지, 그리고 우리가 선택한 아이디어는 메타버스에서 어떤 식으로 구현될지를 확인했다. 새로운 공간에서의 서비스 아이디어이므로 새로운 공간에 자주 들어가 보면서 아이디어를 현실적으로 구체화할 수 있었다.

프로토타입 제작

서비스 시나리오 작성 ⇨ 프로토타입 플랫폼 선정 ⇨ VR 프로토타이핑

- **메타버스 플랫폼을 활용하여 프로토타입 구현**

　초기에는 메타버스 관련 서비스 아이디어를 제대로 발굴할 수 있을까를 걱정했다. 하지만 팀이 하나되어 아이디어 발굴에 도전해보니 기대 이상으로 다양하고 구체적인 아이디어가 발굴되었다. 그리고 나니 이 좋은 아이디어를 이해관계자들에게 어떻게 전달할지가 고민되었다. 특히 임원들에게 생소한 메타버스 아이디어를 설명해야 했기에 고민이

깊어질 수밖에 없었다.

새로운 도전을 해보기로 했다. 한 번도 해보지 않았지만 기존 메타버스 플랫폼을 활용하여 우리가 만든 아이디어를 구현해보기로 한 것이다. 기존 메타버스 플랫폼 중에서 아트 전시장 컨셉으로 구현하기 가장 적합한 플랫폼 하나를 선정했다. VR 지식과 경험이 없는 팀 멤버들이지만 플랫폼에서 제공하는 제작 도구와 무료로 배포되는 각종 3D 콘텐츠를 활용해 메타버스 프로토타입을 완성할 수 있었다. VR 기기를 착용했을 때 실제 아트 전시장 환경과 동일한 느낌으로 디지털 작품을 감상할 수 있게 프로토타입을 구현함으로써 서비스 아이디어 컨셉을 이해관계자에게 명확하게 전달할 수 있게 되었다.

평가 및 피드백

스폰서 보고 및 시연

혁신 서비스 전사 공유

- **사내 전시회를 통한 스프린트 결과물 공유**

처음으로 수행한 디자인씽킹 기반 혁신 과정을 전사 차

원으로 널리 알리고, 메타버스 신기술에 대한 현업의 높은 관심에 부응하기 위해 디자인씽킹 결과물 전시회를 개최했다. 메타버스 프로토타입으로 구현한 디지털 아트 전시장을 직접 체험할 수 있는 공간과 기기(VR기기)를 직원 휴게공간에 설치했다. 가급적 많은 사람들이 혁신 과정과 새로운 서비스를 체험할 수 있도록 스프린트 멤버가 직접 과정을 설명하고 프로토타입을 체험할 수 있도록 지원했다. 이와 함께 결과 보고회를 통해 참석한 임원들도 신기술 기반의 혁신 활동 과정에 공감할 수 있게 했고, 실제 VR 세계를 체험하도록 해서 신기술 서비스에 대한 이해도를 높일 수 있었다.

◎ 교훈

- **신기술은 직접 체험해보자**

  가상현실VR 또는 증강현실AR과 같은 신기술 기반 서비스 기획을 할 때는 실제 기술과 기기 등을 직접 체험하여 활용성을 이해하는 것이 중요하다. 참가하는 구성원들이 실제로 체험해야 고객에게 제공할 미래 경험에 공감할 수 있고, 그래야 고객 경험 혁신을 위한 아이디어 도출이 가능하기 때문이다. 한마디로 고객 경험 설계를 잘하기 위해서는 스프린트 참가자들의 기술에 대한 경험 수준을 높이는 것이 중요하다. 새로운 기술이라 하더라도 주변을 둘러보면 쉽게 사용가능한 프로토타입 도구들이 많이 있기에, 부담 갖지 말고 신기술 서비스도 단기간에 구현 가능하다는 믿음을 갖길 바란다.

• **미래 홍보기사 작성을 통한 미래 경험 정의**

메타버스와 같이 고객이 아직까지 경험해보지 못한 서비스를 기획할 때는, 공감 지도 또는 경험 여정 지도 방법은 적용하기 어렵다. 물론 경험을 가정하면서 공감 활동을 수행할 수는 있지만, 이 경우에는 미래 홍보 기사 작성을 통해 미래 특정 시점에 가상의 기사문을 작성함으로써 이상적인 고객 경험을 상상으로 설계해보는 것이 더욱 유용할 것이다.

• **경영진 대상 신기술 프로토타입 직접 체험**

경영진의 경우 신기술 트렌드에 대한 개념적 이해는 높을 수 있으나, 실제로 체험을 해 본 경우는 많지 않을 수 있다. 특히 메타버스의 경우 VR기기(예, 오큘러스)를 통해 가상공간을 체험해 본 경영진 또는 임원은 거의 없을 수 있다. 이런 경우 스프린트 결과물 발표에는 반드시 기기 체험을 제공할 필요가 있다. 오큘러스를 통해 메타버스를 체험한 후의 B사 경영진의 표정은 지금도 잊을 수 없다. 그들이 체험하고 이해해야 사업화에 대한 결정도 할 수 있다.

현장으로부터의 편지_2
공감을 위해서는 속도를 포기할 수도 있다

  어떻게 보면 디자인씽킹은 한국의 '빨리빨리' 문화와 일맥상통하는 지점이 있다. 고민의 시간을 많이 갖기보다는 일단 빠르게 시도해보고 개선하는 애자일의 철학 위에 서 있기 때문이다. 내 경험상 신속하게 사업 컨셉을 잡을 수 있다는 점 때문에 디자인씽킹을 좋아하는 사람들도 꽤 있었다.

  하지만 우물가에서 숭늉 찾기라는 속담처럼 처음부터 결론을 도출할 수는 없다. 최소한의 시간이 필요하다. 이 '최소한'의 시간은 사용자의 고충과 니즈에 공감하기 위한 시간이다. 공감을 통해 고객과 사용자가 필요로 하는 포인트를 찾아내지 못하면, 아무리 개선 방향을 빨리 만들어도 의미 있는 서비스로 만들어내기 어렵다.

  나는 스프린트 시작 2주 후에 "빨리 개선 방향이 나와야 결과를 만들 수 있지 않나요?"라는 말을 들어봤다. 사실 한 번이 아니라 많이 들어봤다. 내가 디자인씽킹 방법론 경험이 많지 않았던 시절에는 사용자 공감을 간략하게 하고 개선 방향을 빨리 도출하는 쪽을 선택하기도 했다. 클라이언트의 재촉을 견디기 어려웠기 때문이다.

  하지만 개선 방향을 쉽게 도출할 수 있는 문제였다면 굳이 디자인씽킹 스프린트를 적용할 필요가 없다. 불확실한 상황에서의 불명확한 문제였기에 디자인씽킹을 적용했다는 사실을 잊으면 안 된다. 다시 말해서 사용자의 고충이 무엇인지를 명확하게 파악해야 한다.

 클라이언트의 재촉에 위축되면 안 된다. 사용자를 만나고 공감하는 사람은 클라이언트가 아니라 바로 나와 스프린트 팀원들이다. 내가 제일 사용자 경험을 잘 이해하고 있다는 사실을 잊지 말자. 사용자 공감을 완료할 때까지 기다리라고 자신 있게 말해야 한다. 클라이언트의 재촉 때문에 디자인씽킹 페이스를 잃으면 스프린트 전체가 흔들린다. 사용자 공감을 위한 최소한의 시간은 그 무엇과도 타협해서는 안 된다.

3. 데이터 서비스 신사업 기획

- 산업: IT
- 스프린트 유형: 서비스 발굴
- 스프린트 목표: 데이터 기반 신사업 발굴

◎ **스프린트 배경**

자동차 산업에서 전기차는 더 이상 새로운 트렌드가 아니다. 어디서나 볼 수 있는 흔한 자동차가 되었다. 기존 자동차의 핵심이 엔진이었다면, 전기차의 핵심은 배터리라고 할 수 있다. 전기차 가격의 가장 큰 부분을 차지하기 때문이다(배터리는 차종에 따라 총원가의 40%를 차지하기도 한다). 전기차 배터리를 얼마나 효율적으로 관리하는가에 따라 자동차의 성능과 수명이 차이가 나고 결국 중고차 매매 가격도 차이가 나게 된다. 따라서 전기차 산업의 급성장과 함께 전기차 배터리 산업 생태계가 동반 성장하게 되었다. 배터리 사업은 제조뿐만 아니라, 유지 보수, 운영 효율화, 데이터 관리 등으로 크게 확대되고 있다. 성장하는 배터리 산업의 주도권을 잡기 위해 다양한 플레이어들이 서로 경쟁하고 때로는 긴밀하게 협업하는 등 시장 상황이 다이나믹하게 변모하고 있다.

디지털 혁신을 통한 신사업 발굴을 추진하던 C사는 전기차와 배터리에서 생성되는 다양한 데이터의 수집/분석을 통해 배터리 수명 예측과 전기차 운영 효율화 기여할 수 있는 데이터 관리 및 분석 사업을 미래 신성장 동력으로 선정했다.

그런데 미래 사업을 위해 시장 조사는 물론 신사업 기획을 시도했음에도 아직까지 데이터 사업에서 어느 영역으로 진출할 것인지, 그리고 어떻게 접근할 것인지 명확한 방향을 잡지 못했다. 방대한 비즈니스 영역과 급변하는 시장 환경에서 사업의 출발을 주저하고 있었던 것이다. 이에 C사는 고객과 시장의 관점에서 애자일하게 접근하기로 결심하고 디자인씽킹을 토대로 전기차 사용자 관점에서 서비스니즈를 확인하고 사업화 추진을 위한 아이디어를 발굴해보기로 결정했다.

◯ **스프린트 과정**

방향 설정

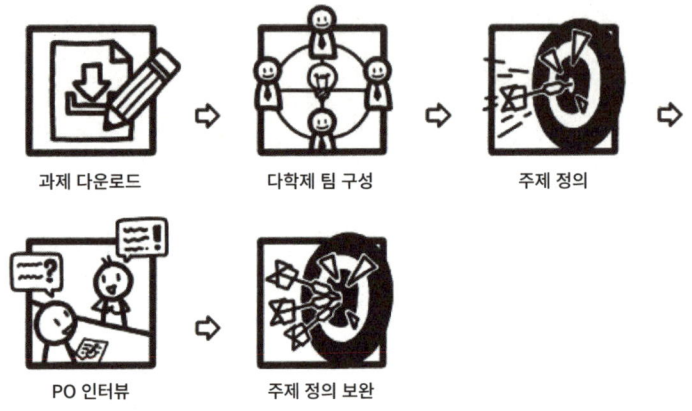

- **다양한 배경의 전문가로 스프린트 팀 구성**

전기차와 같이 새로운 시장으로의 진출은 말 그대로 아무도 가보지 않은 길을 탐험하는 것과 같다. 영화나 드라마에서처럼 성공적인 탐험은 다양한 배경을 가진 탐험 대원들이 똘똘 뭉쳤을 때 가능하다. 말 그대로 다학제 팀 multidisciplinary team 구성이 필요하다.

이번 탐험에도 다양한 배경을 가진 인력을 모아서 스프린트 팀을 구성하게 되었다. 사업 기획 전체 과정을 이끌 디자인씽킹 전문가, 배터리 관련 사업을 해봤던 사업 인력, 배터리에서 생성되는 데이터 분석 경험을 보유한 데이터 분석가, 향후 플랫폼 사업으로 전환하기 위한 플랫폼 사업 경험이 있는 엔지니어, 서비스 프로토타입 완성을 위한 UI/UX 전문가가 참여했다.

 스프린트가 시작되자마자 지금까지 신사업을 준비해왔던 인력으로부터 그간의 준비 과정을 전체 스프린트 구성원에게 다운로드해주었다. 질의 응답과 토론을 통해 모든 구성원들이 배터리 산업과 데이터 사업에 대해 빠르게 이해할 수 있게 되었다.

고객 공감 & 니즈 정의

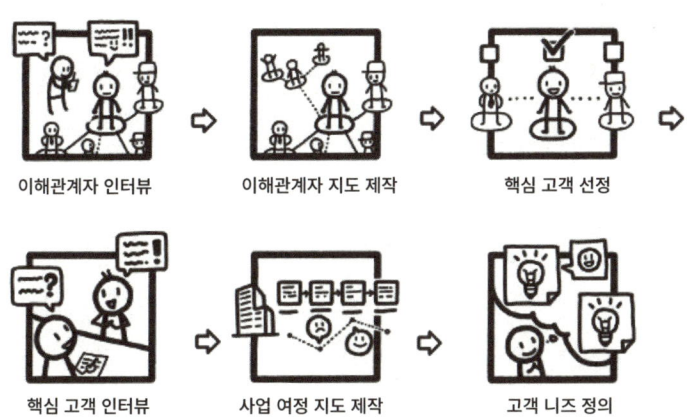

- **배터리 산업 이해관계자 공감 인터뷰**

　전기차 배터리 관련 데이터 서비스와 관련된 이해관계자를 파악해봤다. 이해관계자 지도를 활용한 결과, 배터리가 장착된 차량을 직접 운행하는 상용차 운행사(운수업체), 많은 전기차를 보유하고 다양한 사용자에게 렌트하고 있는 렌터카 업체, 전기차 제조사, 전기차 배터리 제조업체, 배터리팩 제조업체, 에너지 저장장치 Energy Storage System, ESS 사업자, 전기차 운전자가 배터리 데이터 서비스에 니즈가 있는 플레이어로 확인됐다.

　1차 공감 인터뷰는 모든 이해관계자를 대상으로 수행하기로 했다. 각 이해관계자와의 인터뷰를 통해 각자의 전기차 배터리 사용 경험, 고충, 기대 사항을 이해함으로써 데이터 서비스에 대한 큰 그림을 파악했다. 1차 인터뷰 결과를 토대로 배터리 데이터 분석 결과 활용의 니즈가 높고, 경제적 가치가 높은 전기버스 운행사를 핵심 고객군으로 선정했다. 운행사는 자사의 사업 경쟁력 확보 차원에서 연비 효율화에 가장 관심이 높고 유료 서비스에 대한 비용 지불 의지가 높았기 때문이다.

아이디어 발굴

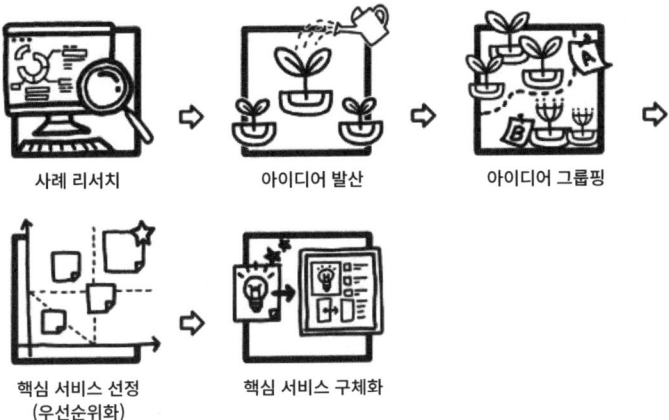

사례 리서치 → 아이디어 발산 → 아이디어 그룹핑

핵심 서비스 선정 (우선순위화) → 핵심 서비스 구체화

- **데이터 분석 서비스 아이디어 발산**

전기버스 운행사를 핵심 고객으로 선정하고, 전기버스 사업 관련 업무 여정과 여정 상에서의 고충을 세밀하게 파악했다. 이를 통해 버스 기사의 전기차 운행 과정에서 배터리 수명 관리의 어려움(예를 들면 전기 요금이 비싼 시간임에도 충전시키는 습관), 배차 스케줄과 배터리 충전 스케줄의 불일치로 인한 비효율적인 배차와 같은 어려움을 확인할 수 있었다.

파악된 고충을 토대로 스프린트 팀 전체가 모여 4차례 아이디어 워크샵을 진행했고, 전기버스 도입과 운영 단계에 집중해 배터리 데이터 서비스 아이디어를 발굴했다. 도출된 아이디어 중에서 기술 관점에서 선행되어야 하는 우선 추진 서비스를 선정했다. 대표적인 서비스 하나만 꼽자면 배터리의 수명 감소 원인을 분석해 리포트로 제공하는 서비스였다.

• **배터리 데이터 사업 관련 리서치 수행**

 전기차 배터리 데이터 관리 및 분석하는 서비스를 제공하는 사례 조사를 병행했다. 글로벌 시장까지 포함하여 조사한 결과, 데이터 분석을 통해 관리방안을 제시해주는 데이터 컨설팅 회사와 배터리 제조 효율성을 높이기 위해 분석을 실시하는 자동차 제조사 등이 있음을 확인할 수 있었다. 각 사례별 조사를 통해 배터리 데이터 분석 서비스, 전기차 배터리 제품 개선 등의 배터리 관련 사업 및 서비스 구조를 파악할 수 있었으며, 이를 통해 C사의 서비스 아이디어를 상세하게 설계할 수 있었다.

프로토타입 제작

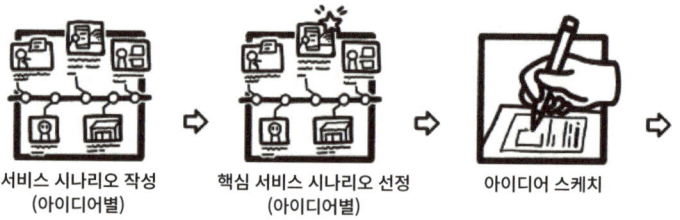

화면 프로토타이핑 　　고객 보고 및 시연 　　화면 프로토타이핑 보완

- **데이터 서비스 시나리오 구체화**

여러 가지 아이디어 중에 우선적으로 사업화가 필요하다고 판단한 아이디어를 구체적인 서비스로 정의했다. 스프린트 팀원 모두가 밀도 있게 논의를 하여 우선 적용할 서비스 후보 5개를 선별했고, 각 서비스의 컨셉, 서비스 제공 절차, 타깃 고객에게 제공될 고객 가치(혜택)에 대해 상세하게 정리했다.

그 후 데이터 서비스가 어떤 모습으로 고객에게 제공되는지를 만화 형식의 서비스 사용 시나리오로 만들고, 고객이 직접 사용할 데이터 서비스 플랫폼 화면을 그래픽으로 제작했다. 서비스 내용과 화면 프로토타입은 잠재 고객인 전기버스 운행사에게 설명과 시연을 했고, 현장에서 고객의 피드백과 개선 의견을 청취해 서비스 시나리오와 화면 프로토타입을 고객 관점에서 업그레이드했다.

평가 및 피드백

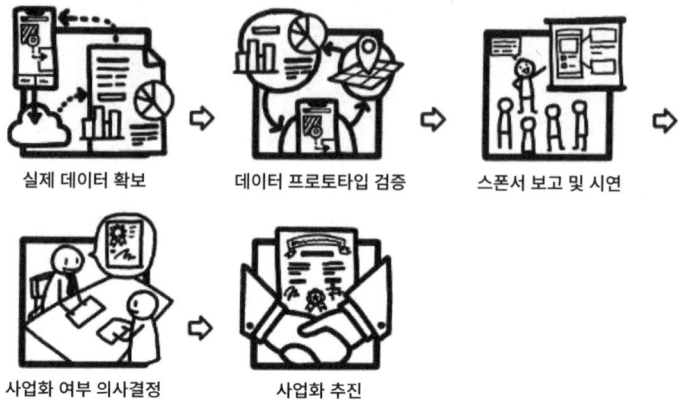

- **실제 데이터 분석을 통한 실현 가능성 검증**

 최초 스프린트 수행 목표가 서비스 구체화였기에 서비스 시나리오와 화면 프로토타입 완성으로 스프린트 목표는 달성했다. 하지만 스프린트 팀이 최종 결과물 정리 과정에서 '실제 데이터로 서비스 가능한지 검증해보면 어떨까'라는 의견이 있었고 도전해보자는 팀의 결정이 있었다.

 이에 전기버스 제조사, 전기버스 운행사를 다시 만나서 데이터 검증 목적을 설명하고 검증 결과를 서로 공유하자는 파트너십을 약속한 후에 실제 차량 운행과 배터리 데이터를 확보할 수 있었다. 데이터 분석가가 참여해 탐색적 데이터 분석을 통해 배터리 수명 감소 원인 분석 서비스가 보유 데이터 기반으로 구현 가능함을 검증할 수 있었다.

• **데이터 서비스 사업 모델 정의**

앞에서도 언급했듯이 C사는 자사가 추진하지 않았던 배터리 사업을 신규로 추진하기 위해 디자인씽킹을 도입했다. 따라서 C사 내부 이해관계자들의 사업 추진 결정을 이끌어내기 위해서는 창의적인 서비스 아이디어도 중요했지만, 이와 함께 데이터 서비스가 사업 모델로 타당성이 있음을 설득해야 했다. 서비스의 모습, 대상 고객, 전달 채널, 수익과 비용 구조 등을 반나절 동안 워크샵을 진행해 사업 모델로 정리했다.* 결론적으로, 내부 이해관계자에게 사업 추진 타당성을 설득할 수 있었다. 이 사업은 사내 벤처 형식으로 추진되고 있다고 한다.

● 비즈니스 모델 관련해서는 다음 책을 참고바란다. 알렉산더 오스터왈더·예스 피그누어, 《비즈니스 모델의 탄생: 상상과 혁신, 가능성이 폭발하는 비즈니스 모델 캔버스 활용》, 비즈니스 북스, 2021.

◉ 교훈

• 다양한 플레이어와의 협업을 다각도로 모색하라

전기차 배터리 제품과 데이터 분석 서비스는 새롭게 급부상하는 사업이다. 이렇게 급성장하는 사업에서는 생각지도 못한 플레이어가 고객이 될 수도 있고 심지어 사업 파트너가 될 수도 있다.

새로운 산업 내 기회를 탐색하는 경우 다양한 플레이어와 만나서 그들의 니즈를 파악하는 것이 중요하며, 그 니즈에 따라 협업하는 파트너가 될 수도 있고 고객으로서의 에코시스템ecosystem을 설정할 수 있다. 조금이라도 관련이 될 것 같다면, 발로 뛰는 창업가라는 생각으로 주저없이 미팅을 요청하고 이야기를 듣는 것이 스프린트 성공의 지름길이다.

• 벤치마킹과 리서치를 철저히 하라

신사업 기획 스프린트는 고객 공감과 혁신적인 아이디어 발굴뿐만 아니라 벤치마킹과 리서치를 면밀하게 할 필요가 있다. 새로운 사업과 서비스 기획 방향을 잡기 위해서는 유사 또는 관련 산업에서 다른 기업들은 어떤 사업을 추진했고, 그 사업의 장단점이 무엇인지 파악할 수 있어야 새로운 서비스를 기존의 서비스와 차별화해서 기획할 수 있기 때문이다. 시간이 많지 않겠지만 리서치를 병행하면서 아이디어 발굴하는 것을 권하고 싶다.

• **탐색적 데이터 분석을 병행하라**

데이터 서비스 기획 스프린트에서 데이터 서비스 화면 프로토타입은 서비스의 모습을 구체화시키는 중요한 역할을 한다. 하지만 데이터 서비스의 타당성 부분은 실질적인 데이터 분석을 진행해봐야 알 수 있다. 주어진 조건(물론 데이터 확보는 항상 어렵다)과 시간의 제한이 있겠지만 실제 데이터에 대한 분석을 통해서 작게라도 구현 가능성을 검증하는 일은 중요하다. 그래야 신사업 추진을 결정할 때, 내/외부 주요 이해관계자들의 동의를 이끌어 낼 수 있기 때문이다.

현장으로부터의 편지_3
'아니오'라고 말해야 할 때

비즈니스 컨설팅 세계에서는 클라이언트의 말이 곧 진리라고 생각한다. 대체로 맞는 생각이다. 하지만 디자인씽킹의 영역에서는 가끔 '아니오'라고 말하는 것이 필요하다.

고객사의 디자인씽킹 주제를 처음 들었을 때 "과연 일반 사용자가 이런 주제를 필요로 할까?"라는 의구심이 들 때가 있다. 예를 들면 내 자동차의 상태를 거실에 있는 TV로 볼 수 있는 유료 솔루션을 구현해달라는 의뢰를 받은 적이 있다. "내 손안에 있는 스마트폰으로 내 차 상태를 언제든지 편하게 볼 수 있는데 과연 사람들이 유료로 TV를 통해 보고 싶어 할까?"라는 생각이 들었고, 팀원들도 대체로 그 생각에 동의했다.

고민에 빠졌다. "이대로 스프린트를 진행하면 사용자가 이런 기능을 별로 필요로 하지 않는다는 결과가 나오고, 그걸 말해야 할텐데. 그럼 엄청난 시간과 인력 낭비가 일어날텐데… 그렇다고 주제를 바꾸자고 하면 프로젝트가 취소될 수도 있고…".

이런 상황에서 과감하게 '아니오'라는 이야기를 할 수 있는 배짱이 있어야 하는 것 같다. 내 경우는 스프린트 방향을 과감하게 변경하자는 제시를 했다. 스프린트 팀원들이 모두 모여 TV로 자동차 상태를 보는 것이 유의미한 유료 서비스인지 논의했고, 그렇지 않다고 결론이 나서 대체 방향을 구상했다. 다른 대안적인 방향을 제시할 준비를 한 것이다. 우리는 반대로 자동차에서 집 안의 가전 제품 상태를 확인하는 서비스가 필요할 거라고 생각했다.

  팀원들과 논의를 마치자마자 고객사에게 주제 변경 의견을 제시하고 실제 사용자 공감 인터뷰 및 리서치를 시작했다. 변경할 스프린트 주제와 진행 방향을 잡아서 제시하기 위함이었다. 공감 활동의 결과는 애초에 우리 팀이 필요할 것이라 생각했던 주제와는 조금 달랐다. 사용자는 자동차 상태를 집에서 보고 싶어 하기보다는, 집안에 있는 가전제품의 상태를 자동자 계기판 화면으로 보고 싶어했다. 사용자 니즈가 확인된 계기판 화면을 통한 가전 제품 정보 제공은 디자인씽킹 이후 사업화로 진행했다.

4. IoT 서비스 사용성 개선

- 산업: 전자
- 스프린트 유형: 서비스 개선
- 스프린트 목표: 서비스 사용 활성화를 위한 동기부여

◎ **스프린트 배경**

전자기기를 제조하는 D사는 여러 전자기기를 사용하는 고객이 더 편리하게 사용할 수 있도록 사물인터넷 Internet of Things, IoT 기반의 제어 앱을 제공하고 있었다. 그리고 지속적으로 앱의 기능과 부가 서비스를 업그레이드하면서 기기 사용 경험 향상을 위해 노력하고 있었다. D사의 입장에서는 고객이 앱을 자주 사용할수록 전자기기 사용 데이터를 많이 확보할 수 있고 이를 통해 제품 개선과 새로운 사업 기회를 발굴할 수 있으므로 앱의 사용성은 매우 중요했다.

그러나 지속적인 IoT 기능 업그레이드에도 불구하고 고

객의 앱 사용은 활성화되지 않았다. 또한 즐거운 앱 사용을 위해 여러 동기부여 프로그램을 기획하려 했으나, 차별화된 프로그램이 쉽게 도출되지 않았다. 이에 D사는 앱 사용 동기부여 프로그램을 발굴하기 위해 새로운 시도로 디자인 씽킹 기반의 스프린트를 추진하게 됐다.

○ **스프린트 과정**

방향 설정 & 고객 공감

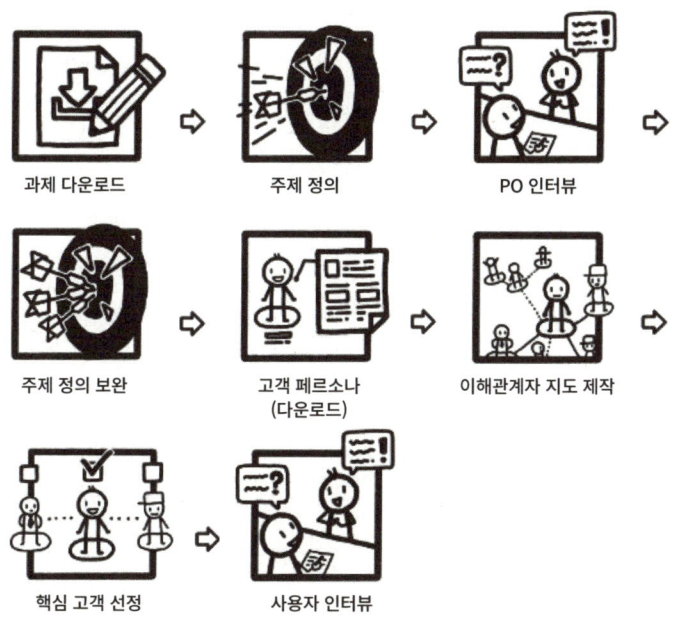

- **앱 서비스 사용도 조사**

 스프린트를 통한 사용자 경험 혁신을 위해 타깃 고객을 선정했다. 가전기기 사용 행태를 기준으로 자녀가 있는 중년 부부, 신혼 부부, 1인 가구로 분류하여 사용자 공감을 계획했다.

 사용자 공감을 위해 IoT 앱의 주요 기능과 서비스 사용성을 서베이를 통해 조사했다. 소수의 사용자를 대상으로 깊이 있게 진행하는 인터뷰와 달리 온라인 서베이는 다수의 응답자에게 대량으로 물어볼 수 있고 정량화시킬 수 있다는 장점이 있다. 온라인 서베이를 통해 사용자 유형별로 앱의 기능과 서비스를 어떻게 사용하는지 패턴을 확인했고, 이를 통해 서비스 개선이 먼저 필요한 영역을 유추할 수 있었다.

- **사용자 심층 인터뷰**

 사용자 유형별 특성을 가지고 있는 사용자들을 대상으로 사용자 경험 인터뷰를 설계하고, 가전 기기 사용 패턴, IoT 앱 사용패턴을 파악하는데 중점을 두고 진행했다. 인터뷰 결과 가구 구성 유형과 사용자의 성향에 따라 가전 기기와 가전 IoT 앱 사용 패턴이 상이함을 발견했다.

 자녀가 있는 부부의 경우는 그들의 가족 구성원까지 확대해 공감 활동을 했다. 가정에서 전자 기기는 어른뿐만 아니라 자녀(청소년 또는 어린이)들도 함께 사용하기 때문에 가족 구성원별로 차별화된 동기부여 프로그램이 필요하다고 판단했다.

니즈 정의

고객 페르소나 보완 　　　고객 경험여정 지도 제작 　　　고객 니즈 정의

· **기기 및 앱 사용 경험 여정 정의**

앱 사용성 향상이라는 목적에 맞게 사용자별 IoT 앱 사용 경험 여정을 정의해보기로 했다. 하지만 사용자 관점에서는 IoT 이전에 근본적으로 가전 기기 사용 경험이 중요한 포인트였다. 다시 말해서 가전 사용이 1차 경험, 그리고 이를 더 잘 사용하기 위한 앱 사용이 2차 경험인 것이다.

가전 기기 사용 경험을 파악하기 위해 가전제품군 별로 사용자의 사용 상황을 분류하고, 주요 사용 상황(예, 손님이 방문할 때 에어컨을 작동)별 사용 경험 여정을 분석했다. 이를 통해 사용자 고충과 개선 기대 사항을 확인했다. 상황별 기기 사용 여정과 관련된 IoT 앱 사용 경험 여정을 살펴보면서 앱 사용 고충과 향후 개선 요소를 구체적으로 파악할 수 있었다.

아이디어 발굴

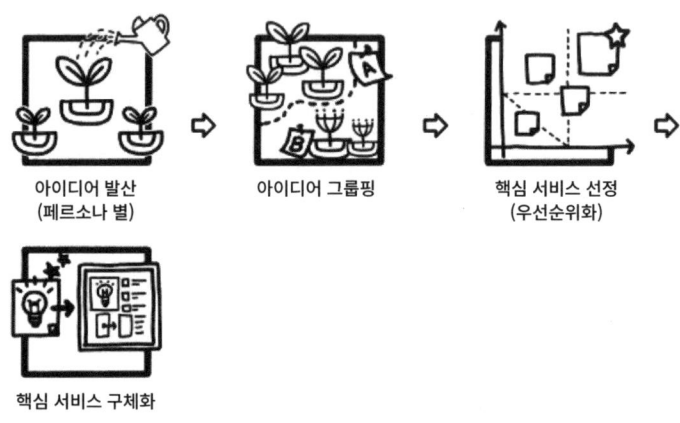

아이디어 발산
(페르소나 별) → 아이디어 그룹핑 → 핵심 서비스 선정
(우선순위화)

핵심 서비스 구체화

- **앱 서비스 개선을 위한 아이디어 발굴**

 사용자와 가전 기기를 각각 매칭해 서비스 개선 아이디어를 발굴했다. 예를 들면, 아이를 키우는 주부가 세탁기 기기와 앱 사용 경험을 향상시킬 수 있도록(사용자의 고충을 해결하고 기대를 충족할 수 있도록) 서비스 아이디어를 각각 도출했다. 1차적인 아이디어 도출은 포스트잇을 사용하여 아이디어 제목과 작동 원리를 간단히 정리하면서 가능한 많은 아이디어를 발굴하는 일에 중점을 두었다.

프로토타입 제작

서비스 시나리오 작성　　사례 리서치　　서비스 시나리오 보완
(아이디어별)

시나리오
프로토타이핑

- **서비스 시나리오 제작**

　발굴된 아이디어 후보들을 사용자가 얻는 혜택을 기준으로 우선 적용할 아이디어를 선별했다. 선별된 아이디어들은 서비스 작동 원리와 사용자에게 가치를 제공하는 과정을 구체적으로 정리했다. 이렇게 도출된 서비스는 주요 이해관계자 및 유관 부서가 충분히 이해할 수 있도록 시각적인(만화와 같은) 서비스 시나리오를 통해 상세하게 작성했다. 이 과정은 UX 디자이너가 함께 참여하여 사용자 측면의 혜택과 기업 측면의 효익을 시각화함으로써 시나리오를 구체화할 수 있었다.

평가 및 피드백

스폰서 보고 및 시연 　 서비스 개선 의사결정

• **추가 사례 조사를 통한 서비스 차별화**

　정리된 서비스 시나리오별로 이와 유사한 기능이나 서비스를 제공하는 사례가 있는지 리서치와 벤치마킹을 수행했다. 이를 통해 유사하거나 관련된 서비스들이 어떤 방식으로 제공되고 있는지를 파악했고, 사례별로 어떤 특별한 기능이 적용되었는지 이해했다. 그뿐만 아니라 새롭게 도입된 기술 요소가 무엇인지도 함께 파악했다. 이러한 사례 조사를 통해 우리가 도출한 서비스 시나리오의 차별화 요소를 보완했으며, 좀 더 경쟁력 있는 서비스를 기획할 수 있었다.

◎ **교훈**

• **사용자의 주변 관계자까지 확대해서 접근하자**

　디자인씽킹 과정에서 핵심 사용자를 대상으로 한 사용 경험 공감 활동은 기본이다. 하지만 경우에 따라서 사용 경험이 사용자는 물론 사용자의 주변 관계자까지 연결되어 있다면 공감 대상을 넓히는 것이 중요하다. 이를테면 부모(핵심 사용자)의 가전 기기 사용 여정은 본인뿐만 아니라 소중한 자녀와 이어져 있는 경우가 많다. 핵심 사용자와 함께 주변 관계자를 대상으로 풍부하고 효과적인 서비스를 설계할 수 있음을 잊지 말아야 한다.

- **사용자 관점에서 연결된 경험이 중요하다**

  스프린트의 초기 목적은 부가 서비스 사용성 향상이었으나, 사용자(고객) 경험 여정을 탐색한 결과 사용자의 핵심 니즈는 기능적 측면의 사용성 향상보다는 기기 전반에 대한 경험적 측면의 사용성 향상이었다. 사용자는 분절된 경험이 아니라 통합된 경험을 원하기 때문에 초기 업무 범위가 앱 사용성이라 하더라도 그 이전의 기기 사용성까지 고려해 사용자 관점으로 서비스를 기획하는 것이 중요하다.

- **타 부서 업무 영역 침범을 너무 걱정하지 마라**

  스프린트 수행 부서 관점에서 본다면 스프린트 목적과 범위를 확대하는 것은 유관 또는 타 부서의 업무 영역까지 건드릴 수 있는 불편한 상황을 만든다. 하지만 부서 업무의 영역 경계를 신경쓰다보면 아이디어가 제한된다. 그러니 아이디어 발굴 과정에서는 고객 입장만 생각하는 것이 중요하다. 최종 결과물 정리 단계에서 주관 부서 중심으로 정리하면 될 것이고, 혹시라도 결과물 중에 타 부서에게 공유하고 싶은 것이 생기면 그때 공유하면 된다. 고객은 어느 부서인지 구분하지 않고 그냥 하나의 회사로 인식한다는 점을 명심하자.

현장으로부터의 편지_4.
마지막까지 마음을 놓아서는 안 되는 한 가지

추운 겨울에 진행했던 디자인씽킹 스프린트 때의 일이다. 추운 날씨였지만, 마음은 따뜻했다. 일 진행이 너무나 매끄러웠기 때문이다.

스프린트의 시작이라 할 수행 팀 구성도 좋았고, 고객사 참가자도 적극적이고 아이디어가 많은 분들이었다. 관련 사례 리서치 과정에서도 많은 시사점을 얻었고, 사용자 공감 인터뷰를 통해 고충과 니즈가 명확해졌다. 이 많은 소스를 모아서 진행한 워크샵에서는 버릴 게 없을 정도로 좋은 아이디어가 많이 쏟아져 나왔다. 이 아이디어를 기반으로 기획한 서비스 시나리오는 완벽할 정도였다. 이보다 이상적인 스프린트가 있을까 싶었다.

다만, 남은 시간이 촉박했다. 스트린트 과정이 너무 완벽했던 탓이었을까. 프로토타입을 만드는 과정에서 최종 사용자의 의견 수렴 절차를 건너뛰자고 결정했다. 누가 봐도 잘 만들어진 시나리오와 프로토타입이라는 생각에 도취되었던 것 같다.

뒤늦게 사용자 피드백을 진행하기로 했을 때, 크게 걱정하지는 않았다. 워낙 앞선 과정과 결과들이 좋았으니까. 그러나 피드백 결과는 스프린트 팀의 기대와 달리 따뜻하지 않았다. 사용자는 '화려해 보이기는 하지만 정작 자신들이 필요로 하는 콘텐츠와 기능은 빠졌다'는 혹평을 한 것이다.

  스프린트 최종 보고를 2일 앞두고 일어난 이 사태를 극복하느라 엄청나게 고생했다. 이틀밤을 거의 꼬박 새워서 최대한 혹평 속에 담긴 사용자의 니즈를 담는 방향으로 보완했다. 스프린트는 다행히 잘 마무리됐지만(아니, 솔직히 어찌저찌 마무리했다는 말이 맞다)최종 사용자의 피드백을 모두 담지 못하고, 일부만 담을 수밖에 없었다.

  고객 공감은 초기에 고충을 파악할 때만 하는 것이 아니라 틈나는 대로 자주 해야 한다고 늘 입에 달고 다녔지만, 정작 나는 시간이 없다고 순간 공감 활동을 무시해버렸던 것이다. 그때 다짐했다. 고객 공감을 충분히 하기에는 시간이 부족하다고 생각해도, 반드시 공감 활동을 편성한다고. 대신 어떻게 짧지만 유의미하게 고객 공감을 할지 고민하겠다고. 절대로, 무슨 일이 있어도, 최종 사용자의 의견 수렴은 건너뛰면 안 된다고.

5. 디지털기기 건강 관리 기능 기획

▫ 산업: 전자
▫ 스프린트 유형: 서비스 발굴
▫ 목표: 고개 경험 관점의 솔루션 기획

◎ 스프린트 배경

디지털 웨어러블기기를 제작하는 E사는 고객이 자사 제품을 사는 이유와 어떻게 사용하고 있는지를 국가별로 조사하는 과정에서 많은 고객이 예상과 달리 건강 관리 목적으로 제품을 구매하고 있음을 알게 되었다. 이에 따라 디지털 웨어러블기기 판매 확대를 위해 건강 관리 기능을 개선하는 것을 목표로 설정했다.

 E사는 제조 기술이 뛰어난 회사였기에 새로운 기능과 서비스를 추가할 때도 제품 기술력에 집중하는 경우가 많았다. 그렇기에 사용자 입장에서 볼 때 제품은 좋으나 사용성

측면에서 뭔가 아쉬운 서비스를 내놓기도 했다.

따라서 이번에는 기술력과 제품의 강점보다는 철저하게 고객과 사용자 관점에서 시작하기로 했다. 웨어러블기기 사용자가 진정 원하는 건강 관리는 어떤 모습인지에서 출발하기로 하고, 디자인씽킹 접근을 통해 서비스 기획을 하게 되었다.

◉ **스프린트 과정**

방향 설정

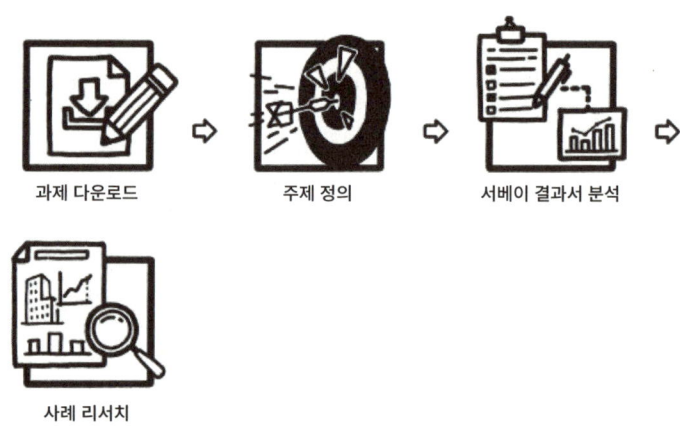

- **사전 프로젝트 결과 다운로드**

앞에서 언급했듯, E사에서 디지털 웨어러블기기 구매 여정을 조사한 결과 '건강 관리'에 대한 니즈가 높았기에 건강 관리 서비스 기획 스프린트가 시작됐다. 디자인씽킹 스프린트 팀은 그 과정에서 확보된 국가별 고객 서베이와 사용자 대상 인터뷰 내용을 상세히 검토했다.

사용자의 구매 경험 여정과 구매 목적을 분석하고, 그들이 언급한 웨어러블기기가 건강 관리 측면에서 아쉬운 점들을 확인했다. 그뿐만 아니라 사용자들만 알고 있는 웨어러블기기를 이용한 건강 관리 노하우까지 확인하면서 초기 서비스 방향을 설정했다.

고객 공감 & 니즈 정의

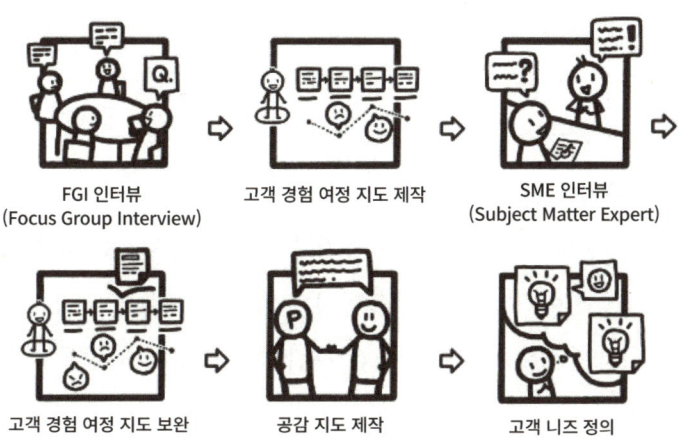

Ⅲ. 디자인씽킹을 이용한 비즈니스 혁신 사례

- **건강 관리 경험 파악을 위한 사용자 간담회**

웨어러블기기 보유한 집단 미보유 집단으로 나누어 성인 남녀 약 30명을 대상으로 건강 관리 경험 여정을 파악했다. 그룹 토의 방식을 적용하되, 먼저 각자의 경험을 포스트잇으로 직접 작성하게 하고 작성된 의견을 그룹별로 토의하게 했다. 포스트잇을 사용한 이유는 구두로만 논의하면 어떤 한 사람의 강력한 주장에 다른 사람들 의견이 영향을 받기 쉽기에 이를 방지하기 위해서였다.

간담회 참여자들은 공통적으로 일상적인 건강을 피트니스 센터를 중심으로 관리하고 있었다. 피트니스 건강 관리 여정에서 참가자들은 피트니스 센터에 가는 것 자체가 힘들고, 운동하는 과정이 보람되기는 하지만 그 과정이 지겹고 힘들다고 인식했다. 또한 웨어러블기기가 운동하는 방법과 정확한 자세에 대한 가이드를 제공해주기를 기대하고 있었다.

- **전문가(운동 트레이너) 인터뷰**

간담회를 통해 사용자들은 건강 관리를 위해서는 웨어러블기기 서비스와 함께 트레이너가 현장에서 직접 코칭하는 것이 필수라고 언급했다. 건강 관리 솔루션이 스마트기기뿐만 아니라 트레이너의 현장 관리가 조화롭게 제공되어야 한다는 것이다.

그래서 피트니스 센터의 전문 트레이너 8명을 대상으로 디지털 기기를 통한 건강 관리 서비스를 설계 할 때 고려해야 할 사항들을 인터뷰했다. 전문가의 관점으로 운동 과정에서 웨어러블기기가 사용자에게 어떤 정보와 기능을 제공하면 운동에 효과적인지를 조사했다.

아이디어 발굴

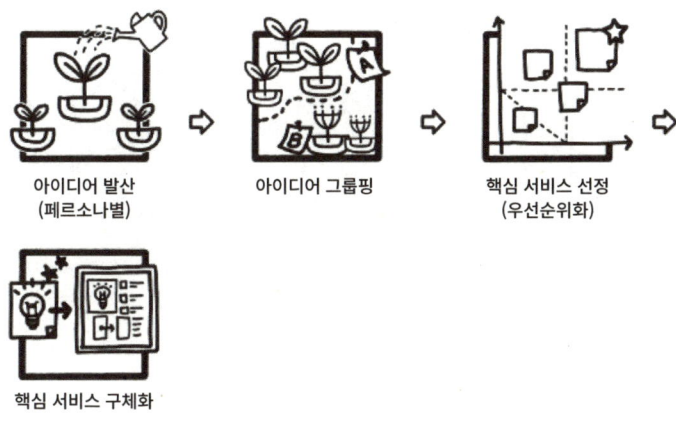

- **건강 관리 서비스 아이디어 설계**

건강 관리 서비스에 대한 구체적인 아이디어를 도출하기 위해 웨어러블 스마트 기기와 서비스 관련 담당자들이 참여하는 워크샵을 진행했다. 앞서 수행된 사용자 간담회와 전문 트레이너 인터뷰 결과를 공유하고, 사용자 니즈를 충족할 수 있는 아이디어를 마음껏 발산하도록 했다.

발굴된 주요 아이디어들은 웨어러블기기를 통해 사용자 특성에 맞는 맞춤형 건강 관리 계획 수립, 운동을 시작할 동기부여, 운동 과정에서 운동 방법 가이드 제공, 운동 직후 곧바로 신체 건강 변화를 시각적으로 확인할 수 있는 대시보드 제공 등이었다.

프로토타입 제작

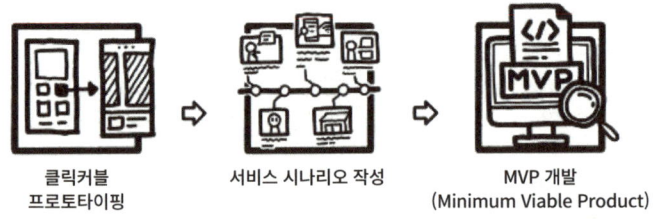

- **프로토타입 개발**

도출된 아이디어를 웨어러블기기에서 구동될 수 있도록 웨어러블 앱과 모바일 앱으로 구현해보기로 했다. 사용자들이 피트니스 센터에서 건강 관리를 할 때 웨어러블기기와 스마트폰을 함께 활용하기 때문에 두 가지 앱 프로토타이핑이 필요했다.

워크샵 참가자들과 함께 프로토타이핑 기법을 통해 앱

에서 구체적으로 어떤 서비스가 제공되고 어떻게 사용자에게 보여질 것인지를 시각화했다. 도출된 프로토타이핑과 앞서 수행된 디자인씽킹 결과를 공유했고, 임원진은 사업화 가능성을 정확히 확인해보기 위해 실제 구동 가능한 MVPminimum viable product를 개발하기로 결정했다.

- **솔루션 개발**

프로토타입으로 구현한 컨셉을 실제로 작동 가능한 솔루션으로 구현하기 위해 MVP를 개발했다. 완벽히 시장에 출시할 정도는 아니더라도 실제에 준하는 수준으로 작동하도록 개발하기 위해, 애자일 방식으로 상세한 사용자 시나리오를 구성하고 시나리오별로 앱을 모듈화해 약 3개월에 걸쳐 완성했다.●

평가 및 피드백

MVP 파일럿 테스트　　사용성 분석　　사업기획서

- 이번 사례는 이 책의 목적에 맞게 디자인씽킹 기획 중심으로 다뤘으며, MVP에 대한 애자일 개발 과정은 상세하게 다루지 않았다. 애자일 개발이 혁신 활동에 중요한 부분을 차지하고 있으므로 관심이 있는 분들은 별도의 애자일 개발 관련 책을 참고하시길 권장 드린다.

- **건강 관리 솔루션 검증을 위한 파일럿 수행**

솔루션을 실제 사용자 환경과 동일하게 테스트하기 위해 피트니스 센터와 협업해서 회원들을 대상으로 완성된 앱 서비스를 사용하게 했다. 약 200명에게 새로운 솔루션(별도 테스트용 MVP)이 탑재된 웨어러블기기를 제공하고, 각자의 스마트폰에 새로 만든 모바일 앱을 설치하게 했다.

약 1개월의 파일럿 기간 동안 사용자들이 피트니스에서 운동할 때 웨어러블기기와 앱을 어떻게 사용하는가를 모니터링했다. 이때 사용자들에게 전문 트레이너가 1:1 코칭을 함께 제공했다. 웨어러블 앱과 스마트폰 앱으로 사용자(피트니스 회원)는 웨어러블기기를 어떻게 경험하는지와 트레이너가 현장에서의 코칭과 앱을 통한 코칭을 어떻게 제공하는가를 확인했다.

이를 통해 기획한대로 운동 동기부여, 운동 자세 교정, 운동 효과 향상과 관련한 정보를 모니터링하고 면밀하게 분석했다. 정량적인 분석에 더해 중간 심층 인터뷰도 함께 수행해 정성적인 평가도 병행했다.

◎ 교훈

• 기술 관점에서 사용자 관점으로 바꾸다

건강 관리 솔루션 기획이 짧은 시간에 완성될 수 있었던 이유는 결국 솔루션을 사용할 사람들의 사용 경험을 중심으로 기획을 진행했기 때문이다. 그동안 E사가 기획했던 솔루션은 제품의 기술에 대한 반응은 좋았음에도 시장과 고객의 반응이 뜨겁지 못했다. 내 생각에 제품의 기술적인 특성을 강조하는 관점으로 서비스를 기획한 후에 사용자의 반응을 살피는 과정을 거쳤기에 개발 기간이 길고 사용성도 높지 못했던 같다. 사용자의 건강 관리 경험에 공감하고 그 과정에서 충족되지 않은 니즈를 파악해 니즈 충족을 위한 서비스 기획을 한다면, 성공적인 솔루션 기획이 될 수 있을 것이다.

• 사용자 관점에서 통합적으로 기획하라

최초 디자인씽킹의 목적이 디지털 솔루션을 기획하는 것이었으나, 사용자의 건강 관리 측면에서 경험 향상을 위해서 필요하다면 부가 서비스(이 사례의 경우 현장에서 트레이너가 직접 코칭해주는 서비스)를 함께 기획하는 것이 중요하다. 협업 모델을 통해 오프라인 서비스를 연계해서 제공하면 되기 때문이다. 결국 처음도 고객, 마지막도 고객이라는 마음으로 고객 또는 사용자의 경험 여정을 향상시키기 위한 아이디어와 솔루션을 통합적으로 기획하는 것이 중요하다.

• **기술 부서와의 적극적 협업이 중요하다**

　본 스프린트 담당 부서는 마케팅 서비스 부서였다. 2개월 기획하고, 3개월 MVP를 개발하고 2개월 파일럿을 수행했다. 매우 의미 있는 과정이었음에도 불구하고 결국 최종 사업화가 되지 못하고 말았다. 서비스 수행에 핵심 요소인 건강 관리 데이터를 관리하는 기술 부서의 적극적인 지원을 약속받지 못해, 사업화 추진이 탄력을 받지 못한 것이다. 최종적으로 지원 또는 사업을 수행할 부서가 스프린트에 참여하지 않는다면, 아무리 고객지향적인 서비스를 성공적으로 설계했다 하더라도 사업화되기 어렵다는 것을 절실히 깨닫게 되었다. 다시 타임머신을 타고 돌아간다면, 어떻게 해서라도 유관부서이자 핵심 부서가 스프린트 초기부터 함께 참여하도록 할 것이다.

현장으로부터의 편지_5
빌런은 어디에나 있다

워크샵에는 진행을 어렵게 하거나 분위기를 망치는 다양한 빌런villain들이 존재한다. 다른 사람의 의견은 무시하고 자기 주장이 강한 사람, 핸드폰만 보거나 너무나 수동적이고 소극적인 사람, 말만 하고 포스트잇에 적지 않는 사람, 개인 행동이 너무 잦은 사람 등. 빌런이 없으면 좋겠지만, 그건 꿈 같은 이야기니 빌런에 어떻게 대처할지를 생각해두는 것이 좀 더 생산적이다.

일반적으로는 워크샵 시작 전에 서로 하지 말아야 할 활동 규칙을 정해두는 것이 도움이 된다. 예를 들어, 먼저 포스트잇에 적은 다음 그 내용을 말하는 규칙을 설정하는 것이다. 이러면 어느 정도 컨트롤이 가능하다. 너무 직급이 높거나 연차가 높은 분들은(일명, 빅마우스) 옆자리에 1:1로 전담 마크맨을 붙여서 워크샵 활동을 독려하는 방법도 있다. 포스트잇을 작성을 대신해주거나 이야기를 경청해주는 것만으로도 효과가 있다.

내가 경험한 제일 까다로운 빌런은 '디잘알(디자인씽킹을 잘 아는)' 빌런이다. 이 빌런은 두 가지 유형이다. 하나는 자기가 디자인씽킹을 잘 아는데 별거 없다면서 워크샵 효과를 시작부터 부정한다. 다른 하나는 자기가 아는 디자인씽킹 방법론과 현재 상황을 하나 하나 비교하면서 진행 과정을 단계마다 조목조목

방해한다.

두 타입 모두 굉장히 까다롭게 퍼실리테이터를 괴롭힌다. 하지만 여러 워크샵을 진행하며 내가 깨달은 점은 이런 빌런들이 마지막에 가장 좋은 피드백을 주었다는 것이다. 그들은 처음부터 빌런이 아니었다. 이야기를 나눠보니 그들은 과거 어떤 디자인씽킹 워크샵을 체험하며 실망을 했고, 시간이 아깝다고 느꼈다. 그 경험이 그들에게 부정적인 인식을 심어준 것이다.

그들이 디자인씽킹에 대해 좋지 않은 경험이 있었던 것은 사업에 대한 이해가 부족한 상태에서 너무나 이론적인 디자인씽킹을 푸쉬했기 때문이었다. 그래서 내가 진행하려는 워크샵은 고객사의 사업 특성을 이해하려 노력하고 있으며, 그렇지만 당연히 이해가 부족할 수 있으니 그 부분을 워크샵에 참여한 당신과 함께 풀어가고자 한다는 메시지를 명확하게 전달했다. 그리고 사업 성격과 목적을 고려해 디자인씽킹 진행 과정이 애자일하게 적용되고 있음을 알려주어 그들이 알고 있었던 디자인씽킹과의 차이점을 느끼게 해주었다.

결국 빌런도 다른 모든 참가자와 마찬가지로 함께 호흡하며 일을 진행해야 하는 멤버다. 다만, 그 호흡을 위해 들여야 하는 노력이 조금 더 많을 뿐이다. 그런데 내 경험상 그 노력은 무의미하지 않다. 어느새 빌런도 내가 진행하는 프로젝트의 든든한 지원자가 되어 있었고, 양질의 피드백을 제공하는 파트너로 변모했다.

6. 온라인 커머스 고객 불만 개선

- 산업: 유통
- 스프린트 유형: 고객 경험 혁신
- 스프린트 목표: 고객 불만 해결 방안 모색

○ **스프린트 배경**

F사는 오프라인 매장 중심의 유통 사업을 하는 전통적인 유통 대기업이다. 몇 년 사이 온라인커머스 시장이 급속도로 확대되면서 F사도 오프라인 매장 역량을 활용해 온라인커머스 시장을 장악하기 위해 다소 늦게 진출했다. 하지만 아쉽게도 온라인커머스 진출은 성공적이지 못했고, 온라인에서의 고객 재구매율은 떨어졌다.

재구매율이 낮아진 원인을 분석한 결과, 온라인 구매 고객의 불만 건수가 급속히 증가하고 있음을 발견했다. 이에 고객 중심의 접근 방법인 디자인씽킹을 통해 고객 불만의 근본적인 원인이 무엇인지 확인하고 불만을 해결하기 위한 방안을 모색하기로 결정했다.

◎ **스프린트 과정**

고객 공감 & 니즈 정의

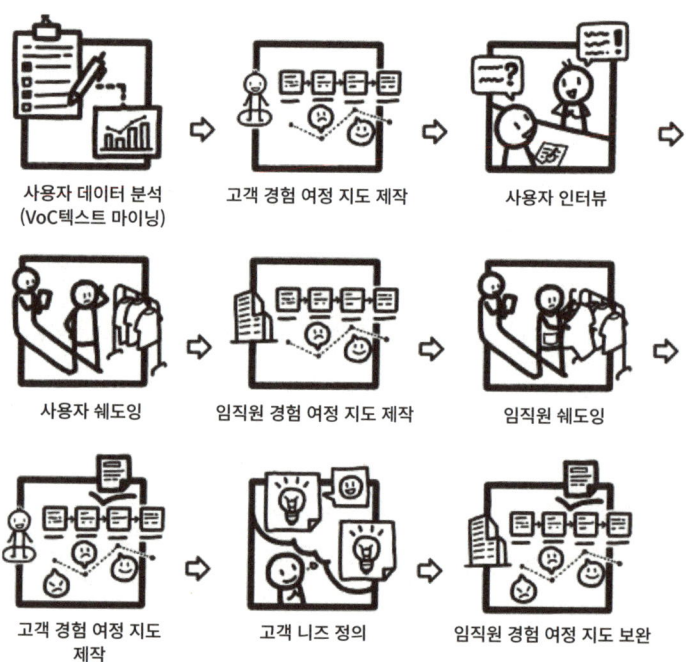

- **고객 불만 사항 데이터 검토**

급증하고 있는 고객 불만의 원인을 파악하기 위해 먼저 불만의 유형을 분류하기로 했다. 온라인몰에 대한 고객의 불만 사항 Voice of Customer, VoC을 시스템으로부터 추출했는데, 데이터양이 너무 많아 데이터 분석가를 투입해 불만 유형을 분류했다.

그런데 시스템에서 지정한 불만의 유형과 실제 고객이 불만을 남긴 내용이 상이한 경우가 많았다. 시스템에서 분류해 놓은 기준으로는 어떤 불만인지 알기 어려웠고, 불만의 내용은 텍스트로 이것저것 작성했기에 불만의 유형을 파악하기 어려웠다. 따라서 텍스트마이닝 기법을 통해 1차적으로 분류하고, 이를 토대로 2차적으로는 정성적인 판단을 통해 고객의 불만 유형을 세분화했다.

그렇게 데이터를 분석한 결과, 고객의 불만 사항은 주로 물품을 포장할 때 상품이 누락되는 것과 배송 과정에서의 실수와 관련 있었다.

- **고객 고충 파악을 위한 워크샵과 현장 인터뷰**

불만의 유형을 파악했기에, 그 불만이 왜 나오는지 이해하기 위해 고객의 경험 여정을 온라인 채널을 통한 주문에서부터 배송까지 세밀하게 분석하기로 했다. 스프린트 수행팀이 워크샵을 거쳐 고객 경험 여정 지도를 작성해가면서 고객의 활동 모습과 고충이 하나 둘 뚜렷해졌다.

이렇게 워크샵을 통해 확인한 고객 경험과 고충을 토대로 현장 인터뷰와 관찰을 수행했다. 실제로 고객을 만나 이야기를 듣고 고객이 매장에서 어떻게 활동하고 있는지를 관찰해서 고객의 고충에 구체적으로 공감할 수 있었다.

• **매장 직원의 업무 수행 여정 파악**

고객의 불만이 상품 누락과 오배송이라는 것에 착안해, 물품을 배송 장바구니에 담고 포장하는 과정을 면밀히 살펴보기로 했다. 매장 직원의 업무 여정을 따라가는 쉐도잉 shadowing 방식을 이용해 세부적인 과정을 관찰했다.

그 결과 매장에서 물건을 배송 박스에 담는 과정과 물품 배송 기사가 차량에 물건을 싣는 과정에서 실수가 발생함을 알게 되었다. 배송 기사의 실수는 시스템적으로 관리되지 않아서 어디서 얼마나 발생하는지 확인할 수 없었다. 하지만 최종 고객 경험을 향상시키기 위해서는 직원 경험 관점에서의 개선이 핵심 솔루션이 될 수 있음을 알 수 있었다.

아이디어 발굴 & 프로토타입 제작

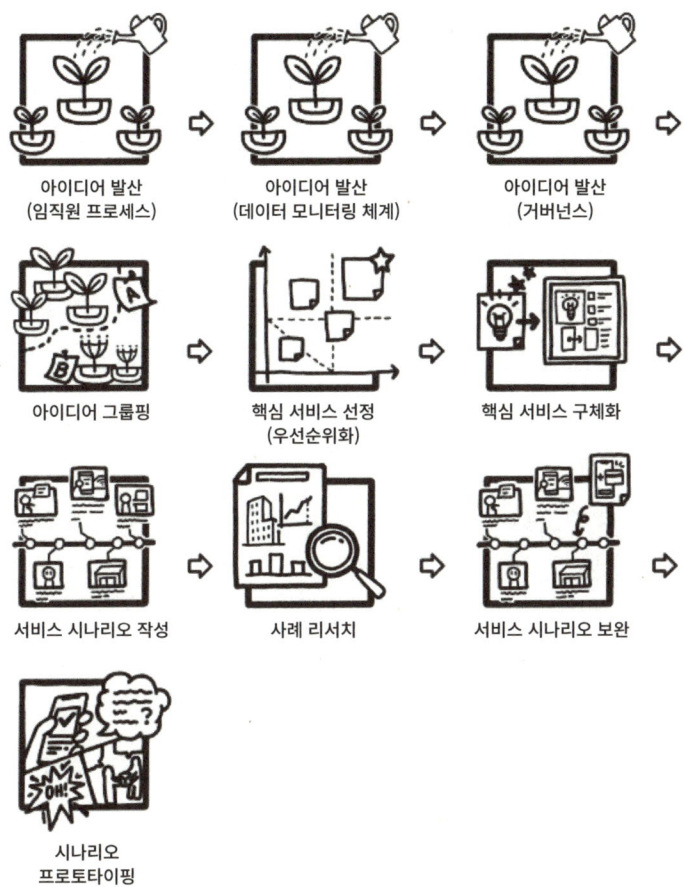

- **고객 고충 해결을 위한 아이디어 발굴**

　고객의 구매 경험 여정과 직원의 업무 경험 여정을 함께 분석하면서, 상품 누락과 오배송을 일으키는 직원의 휴먼

에러human error(시스템이 아닌 수작업에 따른 실수)를 줄일 수 있는 업무 환경을 만들 수 있는 아이디어가 필요하다는 결론을 내렸다. 그래서 고객이 주문한 상품이 무엇인지, 현재 어떤 서비스 상태인지(포장 중인지 배송 중인지 등) 확인할 수 있는 모니터링 체계에 대한 아이디어를 발굴했다. 이후 발굴된 아이디어를 바탕으로 매장 작업자와 매장 관리자, 그리고 본사 담당자가 모두가 상품 이동 상황을 한눈에 확인할 수 있도록 모니터링 시스템의 프로토타입을 제작했다.

평가 및 피드백

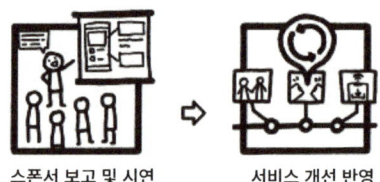

스폰서 보고 및 시연   서비스 개선 반영

• **고객 불만 데이터 관리 방안 도출**

  스프린트 수행 과정에서 가장 어려웠던 점이 고객 불만 데이터의 분류와 정제 과정임을 파악했다. 따라서 스프린트 마무리 과정에서 향후 고객 불만 모니터링 시스템을 효과적으로 운영하기 위해 데이터 수집, 관리, 모니터링 체계를 정리했다. 데이터 여정에서의 고충을 파악하고 이를 제대로 관리하기 위한 개선 방안을 도출한 것이다. 고객 경험에서 출발하여 직원 경험 개선 도출했고, 더 근본적으로는 고객 불만 데이터 관리를 위한 체계를 만들게 된 것이다.

◎ 교훈

• **직원 경험 개선이 핵심 솔루션이었다**

디자인씽킹은 근본적으로 고객 및 사용자의 경험 향상을 위한 방법이다. 하지만 고객 경험 개선을 위한 솔루션으로 매장 직원의 업무 경험 개선이 필요하다고 판단되면, 2차 디자인씽킹은 직원 경험에 초점을 맞춰 다시 시작할 필요가 있다. 직원 경험 개선 향상을 위한 솔루션을 도출하면, 그것이 최종 고객의 경험 향상으로 이어질 수 있기 때문이다. 직원 경험 개선으로 방향이 바뀐다 하더라도 절대로 디자인씽킹 혁신 수준이 낮아진 것은 아니므로 이런 경우에는 과감하게 직원을 타깃으로 디자인씽킹을 추진하길 권장한다.

• **고객 공감을 위해 다양한 접근법이 필요할 때가 있다**

고객의 다양한 니즈와 고충을 파악하기 위해서 일반적으로 고객 인터뷰, 워크샵을 통한 고객 경험 정의 등의 방법을 쓴다. 그러나 그것만으로는 경험 여정을 파악하기 힘든 경우도 있다. 그 경우 시간이 소요되기는 하지만 매장 관찰(쉐도잉), 고객 행동 관련 데이터 분석 등의 방법을 병행하는 것이 중요하다. 그래야 다양한 관점에서 고객을 바라볼 수 있고, 더욱 깊이 있는 공감과 아이디어 도출이 가능하기 때문이다.

- **데이터는 분석에 앞서 관리가 중요하다**

고객 불만을 분석하기 위해서는 데이터의 양이 중요하다. 하지만 많은 데이터를 확보하는 것 못지 않게 불만의 유형을 분류할 수 있어야 하며, 그 불만이 어느 시점, 어느 장소, 그리고 왜 발생한 것인지를 판단할 수 있어야 한다. 이를 위해서는 데이터가 발생하는 수집 단계부터 체계적인 관리가 필요하다. 그래야 필요한 시점에 다양한 분석이 가능하다. 말 그대로 데이터 관리에 대한 디자인씽킹을 통해 체계적인 설계가 필요하다고 생각한다.

현장으로부터의 편지_6
의외로 너무나 중요한 스킬 하나

 앞에서도 말했지만, 워크샵이 디자인씽킹의 모든 것은 아니다. 그러나 고객 공감에 다가가는 가장 효과적인 방법은 스프린트 팀 모두가 참가하는 워크샵임은 분명하다. 다 함께 모여서 얼굴을 맞대고 다양한 아이디어를 풍부하게 꺼내고, 그 속에서 만들어진 초기 아이디어를 서로의 솔직한 피드백과 의견을 교환해가면서 발전시키는 일은 디자인씽킹의 정수라고 해도 과언은 아니다.

 이 워크샵은 언제나 중요하지만, 특히 많은 사람에게 아직은 낯선 신개념 서비스를 만들 때 특히나 중요하고 유용하다는 것을 깨닫게 된 일이 있었다. 지금은 아니지만 당시에는 메타버스는 모두에게 익숙하지 않은 개념이었다. 스프린트 팀을 짜고 관련 리서치를 해보았으나, 관련 사례나 벤치마킹 해볼 만한 다른 대상이 없었다. 스프린트 팀원 중에 관련한 이해가 있는 사람도 없었다. 그야말로 맨땅에 헤딩을 해야 했다.

 그래서 고민 끝에 기본적인 리서치만 하고 모여서 머리를 쥐어짜기로 했다. 일단 무작정 워크샵을 시도해보기로 한 것이다. 대신 워크샵 진행 과정을 정교하게 설계하기로 했다. 낯선 주제에 대한 워크샵이기 때문에 발언과 아이디어 제안에 소극적일 수 있다는 것을 고려해 의견이나 아이디어를 적극적으로 내는 사람에게 줄 소정의 선물도 준비하고, 워크샵 중간중간 머리를 말랑말랑하게 하는 게임도 배치했다. 주제와 관계없이 혁신 이야기를 할 수 있는 시간도 마련했다.

당시의 경험을 통해 사람들의 머릿속에 있는 작은 정보와 의견만 잘 모으고 조합해도 혁신은 성공할 수 있음을 알 수 있었다. 결국 워크샵을 진행하는 진행자, 즉 퍼실리테이터facilitator의 진행 스킬이 매우 중요한 것이다. 워크샵이 디자인씽킹의 정수라면 즐거운 분위기에서 사람들이 자유롭게 이야기할 수 있게 만들고 사람들의 의견과 정보를 조합해가면서 워크샵의 집중도와 아이디어 수준을 끌어올릴 수 있는 퍼실리테이션은 핵심 스킬이라 할만하다.

그간의 경험을 돌이켜볼 때, 사전 리서치가 만족스럽지 않아 좋은 소스가 없더라도 원활한 퍼실리테이션을 통해 워크샵의 분위기가 좋았던 경우가 스프린트 결과물이 정말 창의적이고 혁신적이었다. 디자인씽킹에 관심이 많다면, 워크샵 진행 스킬을 갈고 닦는 것이 큰 도움이 될 수 있다.

7. 인공지능 기반 업무 효율화

- 산업: 제조
- 스프린트 유형: 인공지능 기술 도입
- 스프린트 목표: 업무 효율 향상을 위한 인공지능 활용 방안 구체화

◎ 스프린트 배경

기계장치를 제조하는 G사는 인공지능을 활용한 업무 효율화를 위해 전담 조직까지 만들어서 본격적인 혁신 활동을 추진했다. 그 덕에 인공지능 기술에 대한 이해가 높아졌고, 다양한 응용 사례를 학습했다. 그러나 실제 현장에서 인공지능 기반 혁신을 어디서 어떻게 적용할지 구체적인 방향을 잡지 못했다. 이에 고객 및 사용자 관점에서 기술 적용 방안을 찾기 위해 디자인씽킹 방법을 이용하기로 했다. 인공지능 전담 조직이 중심이 되어 현업 부서들과 소통하면서 인공지능을 실제로 적용하기 위한 기반이 만들어지길

기대했다.

○ 스프린트 과정

방향 설정

디자인 씽킹 101   주제 정의 워크숍   주제 정의 보완

- **팀빌딩 및 스프린트 방향 수립**

 스프린트 시작과 함께 디자인씽킹 방법론 학습을 시작했다. 고객 중심의 디자인이 왜 중요하고, 고객과의 공감을 통한 솔루션 도출 과정은 어떻게 진행되는지 이해하는 과정이었다. 스프린트 참가자들은 각자 상이한 스프린트 목표를 생각하고 있었는데, 팀 미팅을 통해 '인공지능 기술 적용 대상과 기술 확산 방안'으로 목표를 일치시킬 수 있었다. 이후 첫 활동으로 실제 현장에서 업무를 수행하고 있는 현업 실무자들이 필요로 하는 혁신 대상 업무(인공지능 기술 적용 가능 업무)가 무엇인지 파악하기로 결정했다.

고객 공감 & 니즈 정의

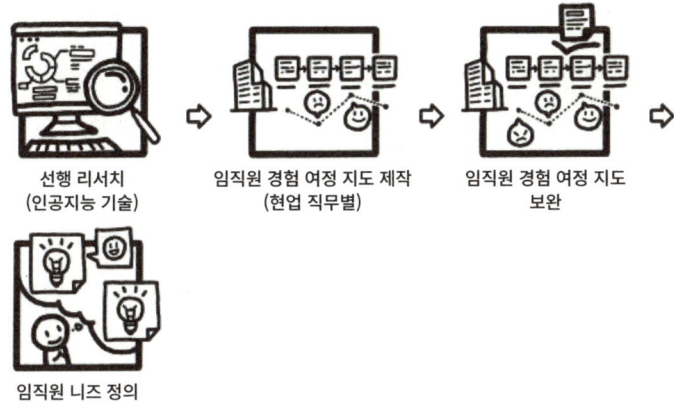

선행 리서치
(인공지능 기술)

임직원 경험 여정 지도 제작
(현업 직무별)

임직원 경험 여정 지도
보완

임직원 니즈 정의

- **현업 실무자와 함께하는 공감 워크샵**

　현업 실무자가 참여하는 워크샵을 통해 실무자들이 업무 과정에서 겪는 고충이 무엇인지 파악하고, 고충 해결을 위해 인공지능 기술을 어떻게 적용할 것인지 아이디어를 도출하기로 했다. 현업 참가자들의 인공지능에 대한 이해를 높이기 위해, 인공지능 기술의 개념, 최신 트렌드, 국내외 인공지능 기술 적용 사례에 대한 강의 세션을 제공했다.

　업무 영역별(영업/구매/인사)로 조를 나눠 업무 수행 여정(업무 메뉴얼에 있는 수행 절차가 아니라 업무 수행자 개인의 입장에서 업무 경험)과 그 과정에서의 고충들을 허심탄회하게 논의했다. 고충 파악 후에는 그것을 해결하려면 필요한 인공지능 기술이 무엇인지 파악했다. 현업 참가자들이 인공지능 기술에 대한 이해도가 높지 않으므로, 카드를 이용하기로 했다. 인공지능 기술(예, 이미지인식, 자연어처리, AR 등)을 카드로 만들어서 참가자에게 배포하고, 참가자는 본인이 이야기한 고충을 해결할 수 있는 인공지능 기술이 적힌 카드를 업무 여정의 고충에 매칭시키도록 했다.

아이디어 발굴

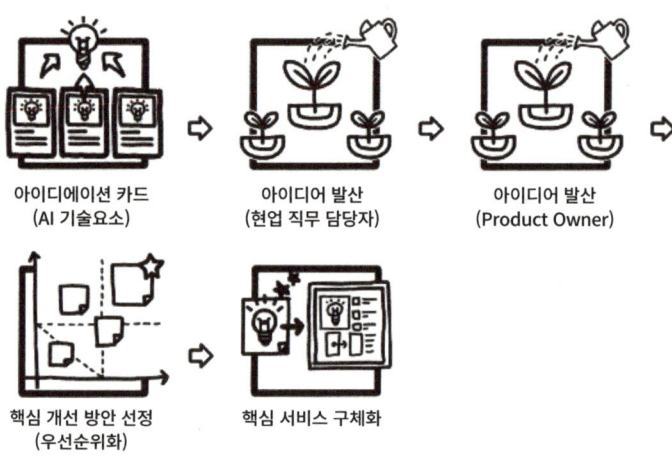

• **스프린트 팀 1차 아이디어 발굴 워크샵**

스프린트 수행 팀만 모여서 현업 공감 워크샵에서 확인된 업무 영역별 경험 여정 지도를 다시 한 번 면밀히 검토했다. 각 영역별 고충들을 토대로 고충 해결 아이디어 발굴 워크샵을 2일 동안 진행해, 인공지능 기술, 정책, 제도, 조직구조 차원의 해결 방안을 도출했다. 이 중에 인공지능 기술과 관련된 아이디어에 집중해 기술을 적용할 때 비즈니스 효과와 구현 가능성을 고려하며 아이디어를 구체화했다. 스프린트 주제인 인공지능 기술과 직접적으로 관련은 없지만 회사 차원에서 중요한 아이디어(정책, 제도, 조직 구조 관점 등)는 관련 부서에게 전달해 각 부서에서 반영할 수 있도록 했다.

- **현업 실무자 대상 집중 인터뷰**

  스프린트 팀이 발굴한 인공지능 기술 적용 아이디어를 놓고 현장 실무자들의 의견과 피드백을 듣기로 했다. 각 업무 담당자를 직접 방문해 아이디어의 실행 가능성과 효과성에 대해 현장의 솔직한 피드백을 들을 수 있었고, 추가적으로 개선하고 보완할 내용도 파악할 수 있었다. 그뿐만 아니라 현장에서 적용 중인 신기술 기반 업무 혁신 사례도 들으면서 추가적인 아이디어도 얻을 수 있었다.

프로토타입 제작

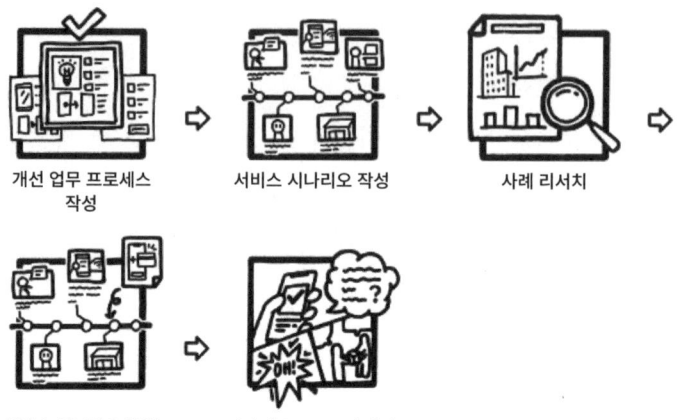

- **스프린트 팀 아이디어 보완 워크샵**

후속 아이디어 워크샵을 통해 스프린트 참가자들이 들었던 현장 피드백들을 공유하고, 인공지능 기술을 업무 현장에 확대 적용할 수 있는 아이디어를 고도화했다. 구체적으로 적용가능한 기술을 세부적으로 검토하고, 실제로 적용할 때 고려해야 할 예산 및 기술 제약 요인까지 고려하면서 인공지능 기술 적용 사례를 정리했다. 아직 적용되지 않은 인공지능 기술 기반 시나리오라 적용을 위해 필요한 기술적/ 비즈니스적 고려사항 및 한계점까지 함께 기록했다.

작성된 적용 사례 중 스프린트 기간 내 테스트해 볼 수 있는 것은 실제 데이터를 활용해 인공지능 기술 적용에 따른 예상 효과를 검증해봤다. 대표 사례의 기대 효과를 신속하게 증명할 수 있다면 이후 사업 추진에 탄력을 받을 것이기 때문이다.

평가 및 피드백

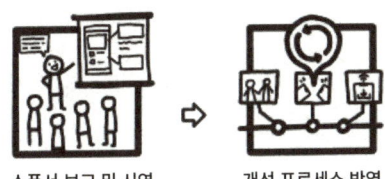

스폰서 보고 및 시연   개선 프로세스 반영

- **최종 보고회를 통해 우선 적용 대상 선정**

  영업/구매/인사 담당 임원을 초청해 최종 보고회 형식으로 스프린트 결과물을 공유했다. 시작에 앞서 디자인씽킹 전문가가 참여해 임원들 대상으로 디자인씽킹의 개념과 향후 디자인씽킹 기반의 일하는 방식이 새롭게 정착할 수 있도록 임원들 대상으로 직원 코칭 가이드 교육을 진행했다. 임원들이 이후에도 스프린트 참가자들을 격려하고 혁신을 지원할 수 있게 하기 위해서였다. 최종 보고 발표 후, 임원들의 논의를 통해 실제로 추진할 사례가 결정됐다.

○ 교훈

• 서로를 잘 알아도 팀빌딩 활동은 필요하다

　스프린트 팀 구성원들이 오래전부터 서로를 잘 알고 있다고 하더라도, 서로의 생각을 깊이 있게 이야기해 본 경우는 별로 없을 것이다. 사업 및 서비스 기획의 경우, 서로가 생각하는 방향이 당연히 다를 수 있다. 생각이 다른 것은 당연한 일이나, 디자인씽킹과 같이 애자일 방식으로 기획하기 위해서는 스프린트 구성원 모두가 사업 범위, 대상, 진행 방법을 같은 눈높이로 이해하고는 있어야 한다.

　가능하다면 반드시 글로 써가면서(포스트잇을 활용하면 더 좋다) 팀 전체의 진행 방향을 명확하게 설정하는 것이 좋다. 그럼에도 불구하고 하나 이상의 방향성이 있다면, 그중 하나를 먼저 시도해보고 그 이후 나머지 방향성을 시도하는 것이 좋다. 디자인씽킹에서는 시행착오 과정이 당연하며, 수행 사이클도 짧기 때문에 크게 두려워할 필요가 없다.

• 기술이 아닌 그것을 이용하는 임직원에서 시작하라

　인공지능과 같은 신기술을 활용한 업무 혁신의 경우 지나치게 기술 중심으로 수행하기 때문에 활동이 쉽게 진행되지 못하는 경우가 있다. 하지만 혁신은 기술을 사용하는 임직원들의 업무에서 출발하는 것이 효과적이다. 인공지능 기반 혁신의 시작은 임직원들의 업무 경험 여정의 고충을 파악하는 것이고, 이를 해결하기 위해 인공지능 기술의 특성을 활용해야 한다. 업무 영역별(팀별 또는 직무별) 직원 간담회 형식의 미니 워크샵을 통해 서로의 고충을 허심탄회하게 이야기하는 자리를 만든다면 혁신 활동이 더욱 수월할 것이다.

• **인공지능 기술은 데이터가 중요하다**

인공지능 기술 활용의 핵심은 데이터 유무, 데이터 관리라고 할 수 있다. 아무리 강력하고 새로운 기술이라 하더라도 결국 기반이 되는 데이터가 없으면 그 기술과 아이디어를 활용할 수가 없기 때문이다. 인공지능 기술 기반 디자인씽킹을 수행한다면 반드시 관련 데이터를 어떻게 확보하고 활용할 것인지를 함께 정의하는 것이 중요함을 다시 한번 느끼게 됐다.

• **임원들 대상으로 코칭 및 피드백 가이드를 제공하라**

스프린트가 완료되면 임원들이 결과 보고를 받고 주요한 의사결정을 하게 된다. 하지만 정작 임원들은 디자인씽킹 스프린트 방식이 익숙하지 않을 것이다. 스프린트 참가자들이 신바람나게 혁신 활동을 수행하고 두려움 없이 시행착오를 하기 위해서는 경영진의 격려와 지원이 함께 있어야 한다. 임원들에게도 디자인씽킹 개념과 스프린트 수행 방식을 사전에 설명하고, 일하는 방식의 변화를 위해 임원들의 지원과 피드백에 대한 코칭 세션을 제공하는 것이 좋다.*

- 임원들 대상으로 코칭 및 피드백 가이드를 다음과 같이 예시로 제공할 수 있다. 1) 고객 (사용자 관점): 고객에 대한 충분한 이해와 공감을 통해 시사점을 발견했는지 확인. 2) 과정으로서의 혁신활동 평가: 혁신 과정에서 참가자들이 느낀점에 대한 질문. 3) 지속적인 격려: 결과가 만족스럽지 않더라도 새로운 혁신 과정을 잘 경험했다면 좋은 시도로 인정해 주기. 4) 향후 진행 방향 제시: 스프린트 이후에 어떤 방향으로 진행하면 좋을 것인지에 대한 방향 제시.

현장으로부터의 편지_7
팀원의 능력을 믿어라

지금까지 진행한 다양한 프로젝트를 돌이켜봤을 때, 생각해보면 최종 결과물에 반영된 중요한 아이디어가 리더인 내 머리에서 나왔던 적은 많지 않았다. 함께 했던 팀원과 참가자들의 아이디어와 의견이 유효했던 경우가 압도적으로 많았다.

삼인행필유아사三人行必有我師라는 공자님 말씀처럼 스프린트 팀 멤버 3명이 있으면 그중 한 명은 적어도 스프린트 주제에 대해 그나마 잘 알고 누군가에게는 프로젝트에 도움이 될만한 경험이나 정보나 스킬이 있다는 걸 그간 진행했던 여러 스프린트에서 수없이 겪어봤다.

대학생 대상 서비스 기획을 할 때는, 20대인 팀원이 없어서 난항을 겪으리라 생각했지만, 온라인 커뮤니티 활동 경험이 있는 팀원이 20대의 경제적 고충을 잘 파악하고 있어 크게 도움이 된 적이 있다. 유아용품 온라인 쇼핑몰 관련 서비스를 기획할 때는 워킹 맘인 팀원이 아이가 자고 있는 짧은 시간에 필요로 하는 서비스를 많이 제시하기도 했다. 영앤리치Young & Rich 대상 금융 서비스 앱 기획 때에는 멤버 한 명이(집이 매우 부유해서) 젊은 금융 자산가들이 필요로 하는 부가 서비스를 많이 알기도 했다.

그리고 내 경험상 팀원들이 유익한 정보와 아이디어를 많이 꺼내는 것은 서로가 서로를 잘 이해하고 있는 상태일 때다. 그래서 나는 스프린트 수행이 아닌 듯한 활동도 중시한다. 팀원들에게 번개 회식을 자주 제안하는 편이며, 심지어 낮술도 한다. 공원이나 고궁 산책을 제안해서 다녀오기도 하고, 공원에서 돗자리를 깔고 아이디어 회의를 하기도 한다. 잡담을 하기도 하고, 그것을 굳이 막지도 않는다. 어렸을 적 이야기, 돈을 왜 버는지에 관한 이야기 등을 하다보면 서로를 이해하고 팀웍이 높아진다. 그렇게 팀원들이 '이런 아이디어를 내도 되나' 싶은 것들까지 꺼내서 활발하게 이야기할 정도가 되어야 스프린트의 질이 올라간다.

결국 내 경험상 스프린트의 목적을 달성할 수 있는 솔루션은 팀 안에 반드시 있다. 보통 내 머리 속에는 없다. 그래서 디자인씽킹 방법론을 사용하는 스프린트의 리더에게 창의성은 별로 중요하지 않은 것 같다. 오히려 팀원들을 믿고 어떻게 하면 팀원들이 적극적으로 자신의 능력을 발휘하게 할지를 고민하는 것이 중요하다.

8. 데이터 기반 금융 서비스 기획

- 산업: 금융
- 스프린트 유형: 고객 경험 혁신
- 스프린트 목표: 데이터 기반 디자인씽킹

◉ 스프린트 배경

금융 서비스를 제공하는 H사는 몇 년 사이 급속도로 성장하는 핀테크 기업의 등장으로 인해 사업 위기감이 높아지고 있었다. H사는 기업 경쟁력 강화를 위해 디지털 전환을 강력하게 추진하기로 결정하고, 특히 그 디지털 전환을 고객 경험 관점에서 진행하기로 했다.

고객 입장에서 금융 서비스의 불편을 최소화하고 고객 서비스 속도를 향상시킬 수 있는 과제를 발굴한 결과 보험 상품의 가입과 보험금 지급 과정에서의 고객 경험 개선이 중요함을 알게 됐다. 그리고 디지털 전환이라는 테마에 맞춰 데이터 확보/수집/분석/활용의 방식으로 고객 경험을 혁신하고 싶어했다. 데이터 기반 고객 경험 혁신을 성공시킴으로써 전사 차원의 혁신 동력을 확보하기 위함이었다.

그러나 안타깝게도 6개월의 시간 동안 보유 데이터에 대한 검토와 분석을 통해 혁신 활동을 진행했음에도 별다른 진척을 이루지 못하고 있었다. 이에 데이터보다 먼저 고객 관점으로 출발하는 디자인씽킹을 통해 혁신 활동을 다시 시도하기로 했다.

◎ 스프린트 과정

방향 설정

과제 다운로드　　다학제 팀 구성　　주제 정의 워크숍

• **스프린트 팀 구성 및 수행 방향 설정**

　고객 담당 부서, 데이터 담당 부서, 업무 혁신 담당 부서에서 파견된 인원들과 디자인씽킹 전문가 집단이 함께 모여 스프린트 팀을 구성했다. 스프린트 활동의 첫 단계는 스프린트 팀원들이 함께 모여 '데이터 기반의 고객 경험 혁신'의 궁극적인 목적, 대상 고객, 예상되는 고객의 핵심 니즈를 논의하는 미니 워크샵이었다. 각자가 생각하는 바를 솔직하게 이야기하고, 팀원들의 생각을 모아 스프린트 방향을 결정하기로 했다.

논의 결과 실제로 고객이 겪었던 서비스 경험을 개선하는 것이 중요하며, 데이터는 고객 경험 개선의 수단임을 공감할 수 있었다. 이에 고객의 서비스 경험 상황을 실질적으로 파악하기 위해 고객을 직접 만나기로 했다.

고객 공감 & 니즈 정의

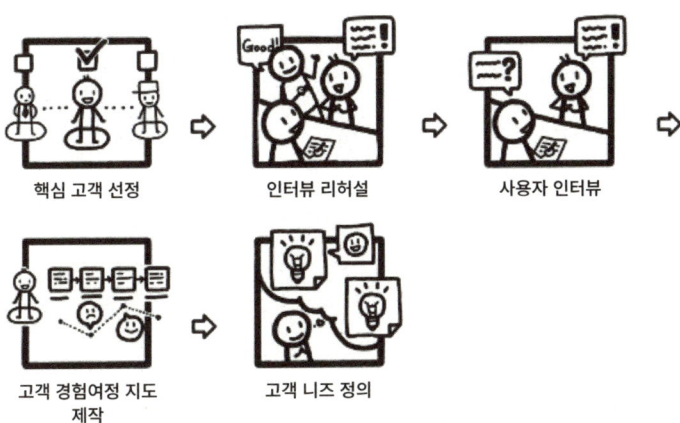

핵심 고객 선정 → 인터뷰 리허설 → 사용자 인터뷰 → 고객 경험여정 지도 제작 → 고객 니즈 정의

- **타깃 고객 심층 인터뷰**

 미래 타깃 고객인 MZ세대에 초점을 맞춰 대면 인터뷰를 진행했으며, 상대적으로 보험 서비스의 경험이 적은 20대 여성과 아직은 보험 서비스 이용의 초기 단계(보험 가입은 했으나 보험금 청구 경험이 별로 없는)인 30대 여성을 대상으로 수행했다. 인터뷰 내용은 보험 상품에 대한 관심과 이해 수준, 보험 서비스 관련 고객 경험, 미래형 데이터 기반 보험 서비스에 기대하는 사항이었다.

 스프린트 팀이 인터뷰 전에 미니 워크샵을 진행해 인터뷰 항목을 도출하고 실제와 같은 리허설을 해보며 인터뷰 진행 흐름을 점검하며 질문 내용을 세밀하게 보완했다.

 현장 인터뷰가 끝난 후에 스프린트 팀원 모두가 함께 모여 고객 공감 인터뷰 결과를 공유하고, 인터뷰에서 발견한 고객 고충과 고객 경험 향상 방안을 논의했다. 논의 결과를 고객 경험 여정 지도로 정리하면서 고객 경험 과정(필요 인지 - 보험 가입 - 청구)에서의 핵심 고충 사항을 확인할 수 있었다.

아이디어 발굴

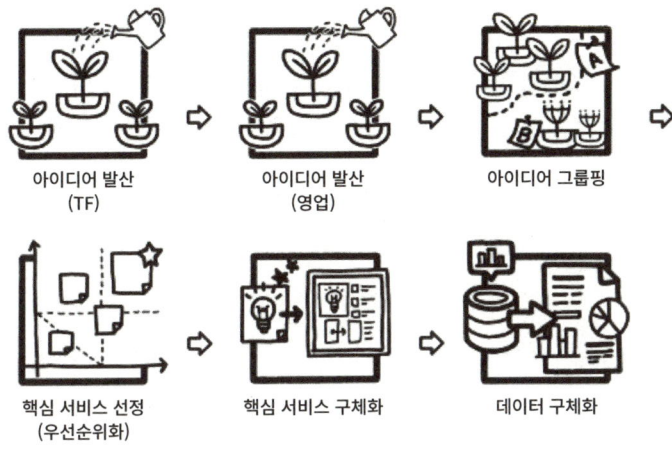

- 아이디어 발산 (TF)
- 아이디어 발산 (영업)
- 아이디어 그룹핑
- 핵심 서비스 선정 (우선순위화)
- 핵심 서비스 구체화
- 데이터 구체화

- **고객 경험 향상을 위한 아이디어 도출**

 여정 지도를 통해 파악된 핵심 고충 사항을 해결하기 위한 아이디어 발굴 워크샵을 수행했다. 팀원 모두가 참여하여 아이디어 키워드를 각자 작성 후에, 일대일 피드백과 보완을 통해 개별 아이디어를 구체화했다. 아이디어 단어에서 출발해 아이디어 작동 원리, 고객 혜택, 적용 기술까지 팀원들이 머리를 맞대 발굴한 것이다.

 1차 아이디어 상세화 이후 2차 워크샵을 통해 각 아이디어가 작동하기 위해 필요한 데이터 수집 항목을 작성했다. 이번 스프린트의 목적인 고객 경험 향상을 위해 데이터를 활용한다는 관점에서 아이디어 작동을 위해 필요한 내부 및 외부 데이터 항목이 무엇인지 최대한 상세하게 정리했다.

- **아이디어 작동에 필요한 데이터 항목 및 속성 정리**

아이디어 워크샵과 별도로 현장에서 고객을 많이 만나는 보험 설계사를 인터뷰했다. 인터뷰를 통해 보험 설계사 업무 과정에서 고객의 보험 서비스 경험을 향상시키기 위해 필요한 데이터 항목을 추가로 발굴했다. 인터뷰와 병행하여 글로벌 선진 보험사의 데이터 기반 고객 서비스 사례를 조사해 관리가 필요한 데이터 항목을 추가로 발견하기도 했다.

아이디어 워크샵, 전문가 인터뷰, 사례 조사를 통해 도출한 데이터 항목을 종합해서 10개의 데이터 속성과 100여 개의 데이터 리스트로 정리했다. 이후 회사 내 데이터 부서와의 논의를 거쳐 데이터 활용 가능성을 파악했다. 현재 데이터 보유 여부, 데이터 관리 수준에 대해 구체적으로 파악할 수 있었으며, 보유 및 관리하지 못하는 항목은 추후 확보 방안까지 함께 논의했다.

프로토타입 제작

데이터 모델링　　　미래 고객 경험여정　　　데이터 확보 방안
(초기 가설적)　　　　　　지도

- **미래형 데이터 기반 서비스 시나리오 도출**

　데이터 항목을 구체화하는 과정에서 현재의 데이터 보유 및 관리 수준으로는 완전한 고객 경험 혁신을 달성하기 어렵다는 것을 깨달았다. 데이터의 한계가 있으나 고객 경험 혁신을 위해 개선할 업무 영역을 도출하고, 각 영역별로 미래에 데이터가 제대로 수집되어 활용된다면 어떤 과정으로 고객의 서비스 경험이 개선될 것인지에 대한 미래 시나리오를 작성했다. 특히 고객의 고충이 많았던 보험 가입과 청구 단계에서 미래에는 데이터 기반으로 어떻게 고객에게 만족스러운 경험을 제공하는가를 일러스트를 이용하여 구체화했다.

평가 및 피드백

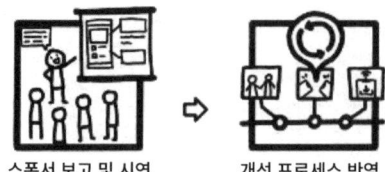

스폰서 보고 및 시연 　 개선 프로세스 반영

- **최종 보고**

경영진에게 스프린트 최종 결과를 공유하는 자리에서 제일 먼저 데이터 기반 혁신을 위해서는 '고객 경험'에서 출발해야 할 필요성을 설명했다. 고객의 고충 포인트와 이를 개선하기 위한 아이디어 컨셉을 설명한 후에 이를 위해 제공되어야 할 데이터 항목과 향후 어떻게 데이터를 관리할 것인지를 전달했다. 데이터 혁신의 출발은 데이터가 아니라 고객 경험 향상이라는 공감을 통해 스프린트에서 도출된 서비스 시나리오에 대한 경영진의 지지를 얻을 수 있었다.

교훈

- **데이터에 매몰되지 마라**

데이터 기반 고객 경험 혁신 활동을 할 때, 아이러니하게

'데이터'에 초점을 맞추면 오히려 혁신 활동의 진척이 원활하지 못한 경우가 많다. 데이터의 보유 여부, 활용 가능 여부 등에 초점을 맞추다보면 데이터를 확인하는 시간과 노력이 많이 소요되어 한정된 기간에서의 혁신 활동은 위축될 수 밖에 없기 때문이다. 따라서 이런 상황에서는 데이터 관련 활동은 과감하게 멈추고, 고객(사용자) 경험 관점에서 고충과 니즈를 중심으로 디자인씽킹을 수행하는 것이 효과적이다. 고충과 니즈를 해결하기 위한 아이디어를 발굴하는 과정에서 아이디어를 데이터 관점으로 보완하거나 검증하는 방식으로 접근하기를 권하고 싶다. 고충 해결을 위한 아이디어에 초점을 맞춘 데이터 탐색과 활용을 통해 의미 있는 데이터 기반 서비스가 도출될 것이기 때문이다.

- **데이터 팀과의 협업이 중요하다**

디자인씽킹은 애자일한 접근으로 결과물을 만들어 보는 것이 강점이다. 그런데 만약 디자인씽킹 과정에서 데이터가 있는지 없는지, 활용 가능한지 아닌지 여부를 파악하기 위해 모든 시스템과 데이터베이스를 검토한다면, 불과 몇 주만에 지쳐서 더 이상 진도를 나갈 수 없을 것이다.

따라서 데이터 팀 또는 내부 데이터 전문가와의 협업이 매우 중요하다. 그들만큼 데이터의 한계와 개선 포인트를 잘 아는 사람이 없기 때문이다. 최대한 정중하게 찾아가서 자문을 구하는 것이 좋다. 그들과 인터뷰를 진행하면 데이터의 세부 단위까지는 아니어도 중요한 데이터 항목과 데이터 관리 현황은 신속하게 파악할 수 있을 것이다.

- **시나리오 접근으로 데이터 관리 방안을 도출하다**

데이터를 확보할 수 있다면, POC_{Proof of Concept}차원에서 혁신 활동을 검증해보는 것이 가장 좋다. 하지만 디자인씽킹 스프린트에서는 필요 데이터 항목을 확인하기에도 시간이 짧다. 이럴 경우에는 가상의 미래를 생각하며 향후 데이터가 수집되었을 때 어떻게 활용할 수 있을지에 대한 시나리오를 정리하는 것이 좋다. 미래 시나리오라도 있다면 데이터 유관 부서 및 이해관계자에게 발굴된 서비스 아이디어를 설득력 있게 전달할 수 있을 것이다. 이 사례에서도 데이터 팀장의 최종 피드백은 데이터 관점이 아닌 "비즈니스와 고객 관점에서 잘 정리되어서 이젠 정말 데이터 기반 혁신을 뭔가라도 해볼 수 있겠다"였다.

현장으로부터의 편지_8
디자인씽킹은 결국 인간을 이해하는 일이다

디자인씽킹은 사용자 경험을 향상시키기 위한 방법론이다. 그렇다면 사용자란 누구인가? 간단하다. 우리와 같은 사람이다. 서비스 아이디어를 만들어 낸다는 것은 결국 쉽게 말하면 사람들이 필요로 하는 것을 찾는 일이다. '땅에서 넘어진 자는 땅을 딛고 일어선다'는 말이 있다. 사용자의 고충을 해결하기 위해서는 근본적으로 인간에 대한 이해를 바탕에 두어야 한다. 고객을 만족시키는 아이디어는 결국 인간에 대한 이해에서 나오니까.

현장에서 사례를 조사하고, 고객을 인터뷰하고, 데이터를 분석하고, 아이디어 발굴 워크샵을 하고 고객 서비스로 정리하는 등 업무를 바쁘게 하다보면, 개별 고객을 지나치게 객관화하게 되어 그들이 나와 같은 사람이라는 사실을 놓칠 때가 있다. 그래서 내 경우에는 사용자도 인간의 본성을 따르는 존재라는 생각을 잊지 않으려고 의식적으로 노력한다. 비즈니스 효과와 기술 혁신에 대한 관점도 중요하겠지만, 내 경험상 '인간이란 무엇인가?'를 생각해보는 것이 가장 중요하다.

이를 테면, 어떤 집단이나 조직이 변화하는 시대에 살아남기 위해서는 혁신적인 아이디어 적용이 필요함에도 불구하고, 조직 구성원들은 새롭고 이질적인 것들에 일단 거부 반응을 보일 수 있다. 어찌 보면 이런 모순적인 행태는 인간의 본성에 가깝다. 많은 사람이 일상에서 그런 모습을 어느 정도는 보일 수 있기 때문에, 사람들에게 혁신적인 변화가 좋은 것이라고 강요하거나 압박하는 것 만으로는 혁신을 달성할 수 없다. 도출된 서비스를 가급적 고객이나 조직 구성원들에게 익숙한 용어로 변환하고, 그들의 정서에 맞게 아이디어의 작동과정까지 디테일하게 설계해야 한다.

인간은 동기부여가 무척 중요한 존재다. 그렇기에 고객에게 서프라이즈 서비스(기대 이상의) 제공을 통해 그들의 뇌에서 도파민이 더 많이 분비되어, 더 신바람이 난다면 매우 의미 있는 일일 것이다. 서비스를 기획하고 설계할 때 단순히 무엇이 고객에게 얼만큼의 이득이나 효용을 주는지를 따지기보다는 인간이 가진 다양한 층위의 욕구와 욕망을 고려해 삶의 원동력을 부여하는 것은 무엇일지 고민해보는 것이 좋다.

그런데 사실 인간을 이해하는 것만큼 어려운 일도 없다. 사람은 편견을 가지고 자신을 그리고 타인을 바라보기 너무 쉽기 때문이다. 그래서 나는 비즈니스나 컨설팅과 관련이 거의 없는 인문학 교양 서적들을 틈틈이 읽는 것을 권한다. 역사책과 철학책은 인간에 대한 시야를 넓혀준다. 심리학책이나 뇌과학책 그리고 각종 인체 과학 관련 책들은 인간의 본성을 더 분명하게 파악하는데 도움이 된다. 이런 지식들은 디자인씽킹 활동에 생기를 불어넣는 토양이 되어 줄 것이다.

9. 핵심 인재 디지털 혁신 역량 육성

- 산업: 제조
- 스프린트 유형: 역량 강화
- 스프린트 목표: 고객 중심의 사업 기획 역량 강화

◎ **스프린트 배경**

전통적인 제조업에 집중하고 있던 I사는 디지털 전환 시대에 맞게 핵심 인재를 대상으로 한 사내 MBA 프로그램을 실제 사업 발굴 과정으로 개편하고자 했다. 강의 위주의 기존 핵심 인재 교육보다는, 급변하는 시대에 맞게 애자일 철학에 기반해 임직원들이 철저히 고객과 시장 관점에서 사업 기회를 찾고 사업 모델을 수립할 수 있는 디지털 인재 양성을 희망했다.

이를 위해 디자인씽킹 기반으로 사업 및 서비스를 기획하는 액션러닝 Action Learning 과정을 핵심 인재 교육 프로그램에 시범 적용하기로 했다. 30여 명의 핵심 인재들이 6개 팀으로 나뉘어 4주간 디자인씽킹 기반 사업 기획 교육에 참여하게 됐다.

◎ **과정**

방향 설정

다학제 팀 구성 → 주제 정의 워크숍 → 사업화 과제

• **팀 구성 및 수행 주제 선정**

　디자인씽킹 교육 프로그램에 참가하는 팀은 소속 회사, 직무, 직급, 성별 등을 고려해 최대한 다양한 배경이 섞일 수 있도록 구성했다. 융복합적인 시너지를 위해서는 다양한 배경의 인력 구성이 중요하기 때문이다.

　처음 보는 구성원들이 마음의 벽을 허물기 위해 팀 별로 다양한 활동 하며 팀빌딩을 수행했다. 팀원들이 서로 익숙해진 후에는 팀별로 사업 주제를 선정하도록 하고, 고객 중심의 새로운 사업 기획이라는 관점에서 참가자들이 프로그램에 적용해보고 싶은 사업 아이템과 사업 목표 고객을 선정하게 했다. 구체적이고 실현 가능한 사업 기획을 위해 '향후 3년 내 사업화가 가능한' 주제로 한정했다. 디자인씽킹의 원활한 진행을 위해 팀별로 디자인씽킹 코치facilitator를 배치하여 혁신 활동을 지원했다.

고객 공감 & 니즈 정의

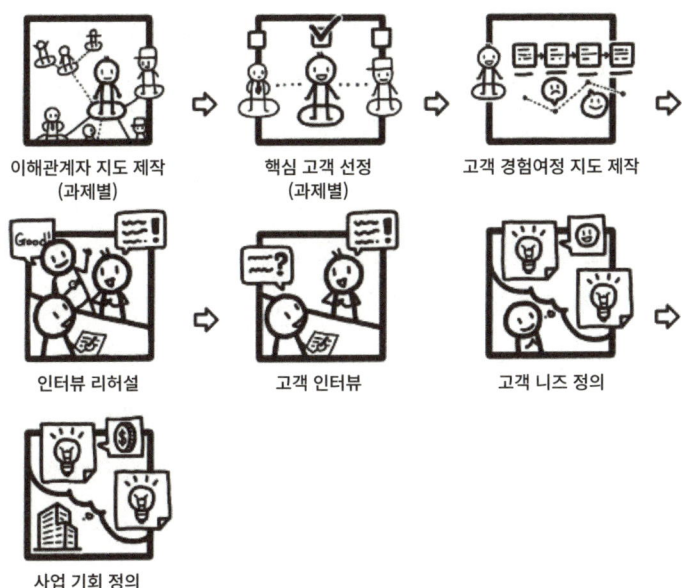

- **고객 공감 기반 사업 방향성 확인**

사업 주제별로 어떤 플레이어들이 존재하고 플레이어들 사이에는 어떤 관계가 있는지 파악하고자 이해관계자 지도를 작성하게 했다. 주체들의 관계를 세심하게 살펴서 누가 핵심 고객이고 누가 공급자 또는 파트너가 될 수 있는지를 파악했다.

이후 고객 경험 여정 지도를 작성하며 고객의 상황과 고충을 일차적으로 파악했다. 고객뿐만 아니라 사업 영역에서 중요한 역할을 하는 주체(공급자 또는 파트너)에 대해서도 경험 여정 지도를 작성함으로써 사업 영역 전반의 시장 니즈를 파악할 수 있었다.

- **현장 인터뷰를 통한 고객 니즈 확인**

고객 경험 여정 지도에서 파악된 니즈를 더 구체화하기 위해 각 팀은 현장 방문 인터뷰를 수행했다. 팀별로 미니 워크샵을 진행하여 인터뷰 목적을 설정하고, 인터뷰 문항을 만들었으며 사전 리허설을 거쳐 인터뷰 문항을 보완하고 인터뷰 진행 연습까지 했다. 이후 3일간 팀 구성원 모두가 현장에 나가 고객을 만나고 그들의 고충을 청취하게 했다. 사업 기획에 있어서 고객의 소리를 실제로 들어보는 중요한 과정이었다. 인터뷰 이후 팀 토의를 통해 고객의 핵심 니즈와 사업 및 서비스 기회에 대한 시사점을 정리할 수 있었다.

아이디어 발굴

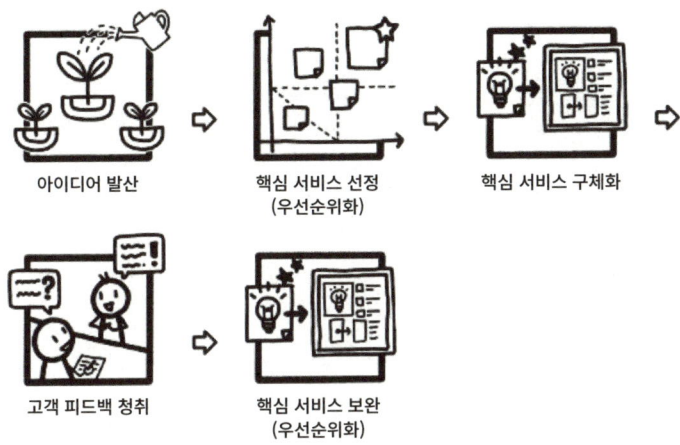

- **고객 니즈 해결을 위한 사업 아이디어 도출**

　사업 아이디어 상세화를 위한 팀별 워크샵을 수행했다. 철저히 고객의 입장에서 그들의 경험 혁신을 위한 아이디어를 가급적 많이 도출하게 했다. 아이디어에 대한 비평은 자제하고 각자가 제안한 아이디어를 모두 수용한다는 관점에서 긍정적으로 아이디어를 발굴했다.

　이렇게 발굴된 아이디어들을 비즈니스 효과성business impact과 실행 가능성feasibility 관점에서 우선 순위를 정하고, 우선적으로 적용할 아이디어는 정교하게 작동 원리를 정의하도록 했다. 우선 순위가 높은 아이디어는 다시 한번 고객을 직접 만나서 아이디어의 효용성에 대해 피드백을 수렴하도록 했다.

프로토타입 제작

서비스 시나리오 작성   디지털 프로토타이핑   비즈니스 모델
                        (App.)

• **프로토타입 제작 및 비즈니스 모델 수립**

고객 피드백 수렴 후 2차 아이디어 워크샵을 통해 팀별 사업 및 서비스 기획안을 보완했다. 보완된 사업 및 서비스를 구체화하기 위해(사업 의사결정자에게 효과적으로 전달하기 위해) 핵심 서비스 구현 모습을 프로토타입으로 제작하게 했다. 팀별 사업 유형에 따라 만화 형식으로 서비스를 설명하는 시나리오로 프로토타입 제작한 팀도 있고, 대고객 서비스를 위한 앱 화면 프로토타입을 제작한 팀도 있었다.

팀별로 스케치한 프로토타입을 고도화하기 위해 UX 전문가의 도움을 받아서 그래픽 관점으로 보완하게 했다. UX 차원의 보완과 함께 사업 기획 역량 향상이라는 관점에서 각 팀별로 비즈니스 모델을 수립하게 했다. 비즈니스 모델 캔버스9 block model를 활용해 각 팀별로 미니 워크샵을 수행하여 사업 모델을 수립했으며, 누구를 대상으로 어떤 과정으로 접근할 것이며, 최종적으로 그 내용을 수익 구조는 어떻게 될 것인지를 중심으로 간략하게 정리했다.

평가 및 피드백

데모데이   혁신 서비스 전사 공유   회고

- **결과 발표회**

팀별로 기획한 사업 내용은 데모데이Demo Day 이벤트를 통해 혁신 활동 결과물을 서로 공유하도록 했다. 신사업을 발표하는 느낌을 위해 팀별로 티셔츠를 제작(팀별 로고 제작 포함)해 맞춰 입고 발표하게 했다.

데모데이 심사위원은 사업 전략 담당 임원, 컨설팅사 임원, 벤처 액셀러레이터accelerator로 구성했고 고객(사용자)의 문제를 파악하고 해결한다는 측면과 비즈니스 측면을 종합 검토해 평가하도록 했다.

데모데이 이벤트 효과를 높이기 위해 전문 촬영팀을 불러서 촬영함으로써 참가자들에게 사업 기획에 대한 강력한 동기부여를 제공했다. 촬영된 발표 영상은 교육 이후 사내 게시판에 발표 자료와 함께 공유함으로써 전사 차원의 디지털 전환을 가속화했다고 한다.

- **팀별 회고**

미팅 처음으로 시도한 디자인씽킹 액션 러닝 프로그램인 만큼, 프로그램에 대한 과정들을 돌아보고 배웠던 점과 좋았던 점, 향후 개선이 필요한 점, 앞으로 새롭게 시도해 볼 것에 대해 허심탄회하게 논의하는 회고를 수행했다. 팀별 회고를 통해 혁신 과정을 다시 한 번 돌아보고, 향후 업무 현장으로 복귀하더라도 혁신 전도사로서 다함께 노력하기로 약속하면서 프로그램을 마무리했다.

○ 교훈

- **퍼실리테이터의 유무는 큰 차이를 낳는다**

일반적으로 20명 이상의 교육 과정은 경우에 따라서 보조 강사가 1~2명이 추가로 투입될 수도 있지만 대개 한 명의 강사 혼자서 전체 과정을 진행한다. 하지만 디자인씽킹 프로그램은 함께 체험하고 수행하는 액션러닝이며, 각 팀별로 수행하는 활동이 많기 때문에 조별로 퍼실리테이터가 각각 배치되어야 한다. 참가자들이 디자인씽킹에 익숙하지 않으므로 조별로 퍼실리테이터를 지원해 교육 참가자들이 디자인씽킹을 체계적으로 이해할 수 있게 했다. 무엇보다 그 결과물의 퀄리티가 확연히 달랐다. 예산의 고민이 있겠지만, 조별 만들어진 결과물을 추후 사업에 활용한다는 관점에서 조별 퍼실리테이터를 반드시 투입해야 퀄리티높은 고객 중심의 신사업 기획 결과를 얻을 것이다.

- **간략하게라도 비즈니스 모델을 수립해 보자**

기획된 서비스는 비즈니스 모델로 정리해서 실제 사업 및 서비스 구현을 위한 사업성 검토를 해봐야 한다. 기획안에 대한 투자 및 사업화 의사결정을 용이하게 할 수도 있기에 중요한 과정이다. 실제로 교육 참가자들도 팀 회고 과정에서 비즈니스 모델링 활동을 통해 사업화에 대한 진지한 고민을 해봤다는 것에 매우 긍정적인 피드백을 주었다.

- **발표회를 통해 참가자에게 동기부여를 한다**

교육 과정으로 진행했지만 실제 사업/서비스 기획이었

기에 신사업 보고회 형식의 발표회 데모데이를 진행했다. 스타트업 창업 경진 대회 느낌으로 진행했으며, 팀별로 사업 아이템 관련 티셔츠까지 맞춰 입고 발표함으로써 이벤트 효과를 극대화했다. 교육 참가자들은 스타트업 창업자의 입장에서 사업기획서를 발표하는 경험을 할 수 있었고, 실제 사업가 마인드를 향상시킬 수 있었다. 창업 전문가 패널 심사에서 우수한 평가를 받은 기획안은 실제로 사업화로 이어졌다고 한다.

마치며

 전 세계적으로 명성이 자자한 디자인씽킹 전문 기업들(IDEO 등)이 한국에서는 아직까지 큰 성과를 내지 못한 것 같다. 디자인씽킹은 단순히 비즈니스 대화를 넘어서서 고객과의 마음속 공감과 문화적 소통을 해야 하는 과정이라, 문화적, 언어적 차이가 큰 제약으로 작용한 듯하다. 디자인씽킹 프로그램이 한국 기업 환경에 깊숙하게 자리 잡을 시간이 필요할 것이다. 나도 오랜 시행착오를 통해서 이제야 제대로 경영 혁신에 디자인씽킹을 적용할 수 있게 되었다.
 하지만 이제 한국 기업과 사회에서 디자인씽킹 철학과 방법론에 대한 이해도가 높아졌고 실전 경험도 어느 정도 쌓였다고 생각한다. 다시 말해서 이제 대한민국에서도 디자인씽킹을 경영 혁신에 적용하고, 일하는 방식의 변화를 이끌기 위해 본격적으로 활용할 시점이 되었다는 의미다. 최근 5년간 경영 현장에서는 단순한 개념 교육이나 실습 교육을 넘어 실제 사업 및 서비스에 적용한 비즈니스 디자인씽킹이 이루어지고 있다. 한국 사회에서 수행되었던 다양한 디자인씽킹 사례를 찾아서 교훈과 시사점을 면밀하게 살펴본다면, 각자의 상황에 맞는 디자인씽킹을 적용해 볼 수 있을 것이라 생각한다. 이제 한 단계 도약하는 마음으로 우리 상황에 맞는 디자인씽킹 적용 방법을 모색해볼 때이며, 나는 그것에 작게나마 손을 보태기 위해 이 책을 썼다.

"누군가로부터 비난받는 것이 두렵다면 그저 아무것도 하지 않으면 된다. 비판받는 것이 죽도록 싫다면 그저 새로운 일은 아무것도 하지 않으면 된다. 사람들은 실패한 행동을 해서 후회하는 것이 아니라, 행동하기를 실패해서 후회한다." 제프 베조스Jeff Bezos의 유명한 말인데, 실패하면서 방법을 찾아간다는 디자인씽킹의 핵심을 잘 담고 있는 말이 있다. 시도하지도 않는 것보다는 시도하고 나서 실패하는 것이 훨씬 낫다. 시도하는 과정에서 생각지도 못한 것을 배울 수 있으며, 그 시도가 실패로 돌아가더라도 조직 구성원에게 "우리도 이젠 이런 식으로 애자일하게 혁신하는 회사로 변화하고 있나 봐"라는 생각을 심어주어 조직 문화 혁신의 전기를 마련할 수 있다. 이제 해야겠다는 생각이 든다면, 작게라도 시작하자. 실패 맛보기를 해보자. 내 경험에 비춰 봤을 때, 디자인씽킹은 시작이 어렵지 시작만 하면 자연스럽게 흘러흘러 성공적인 결과를 얻을 수 있다. 바야흐로 지금이 혁신을 시도해볼 좋은 타이밍이다.

고백할 것이 하나 있다. 나는 항상 디자인씽킹 스프린트를 할 때 "너무 많이 생각하거나, 많은 것을 준비하고 액션하지 말고, 일단 움직이면서 아이디어와 솔루션을 불려나가자"였는데, 정작 이 책에서는 실천하지 못했다. 내 디자인씽킹 활동의 경험을 담아 말 그대로 애자일하게 2~3년 전에 출판했어야 했고, 지금은 후속판으로 보완된 모델과 새로운 사례를 추가하는 것이 적절했을 것이다. 그래야 디자인씽킹을 경영 현장에 적용하고자 하는 독자들에게 지식과 경험을 마치 초기 프로토타입처럼 신속하게 전달하고 이후에 수정 보완하면서 고도화된 솔루션을 제시했을 것이다. 입과 머리는 애자일했으나 손과 발은 그러지 못했다.

내가 디자인씽킹의 세계적인 권위자도 아니고 디자인씽킹을 통달했다고 말할 수 있는 입장도 아니지만, 그래도 모든 것이 준비되고 나서 하는 것은 '디자인씽킹'스럽지 않다는 생각으로 이 책을 용감하게 내놓았다. 더 늦었다면 누군가가 가장 슬픈 말이라고 했던 "아~ 그때 해봤더라면"이라고 말을 뱉으며 후회할 것 같았다. 이 책 하나로 디자인씽킹을 깊이 이해할 수도, 모든 문제를 해결할 수도 없다. 보완해야 할 것은 여전히 많다. 이 책이 끝이 아니다. 책의 형태로든 다른 어떤 형태로든 한국에서 디자인씽킹을 적용하는 과정에서 새롭게 알게 된 것들, 이 책을 읽은 독자들의 피드백 등을 고려하여 지속적으로 업데이트를 이어가겠다는 약속을 드린다. 디자인씽킹스럽게.

비즈니스 디자인씽킹에 도움되는 책들

이 도서 목록이 객관적으로 가장 좋은 책들이라고 말하기는 힘들다. 이 책들은 내 경험에 비추어 선택된 것들이기 때문이다. 더 좋은 책이 있을 수 있지만, 내가 비즈니스 디자인씽킹을 9년간 진행하면서 읽었던 책들 중에 직/간접적으로 유용했던 책들을 선별하여 추천한다.

- **디자인씽킹 전반에 대한 이해를 돕는 책**
    - Don Norman, *The Design Of Everyday Things*, Basic Books, 2013.
    - 팀 브라운, 《디자인에 집중하라》, 고성연 역, 김영사, 2019.
    - 마르크 스틱도른·야코프 슈나이더, 《서비스 디자인 교과서》, 이봉원·정민주 역, 안그라픽스, 2012.

- **고객 경험의 중요성을 일깨워주는 책**
    - 하라 켄야, 《디자인의 디자인》, 민병걸 역, 안그라픽스, 2007.

- 마스다 무네아키,《지적자본론》, 이정환 역, 민음사, 2015.
- 탈레스 S. 테이셰이라,《디커플링》, 김인수 역, 인플루엔셜, 2019.

• **디자인씽킹 관련 도구와 기법을 알려주는 책**
- 패트릭 반 더 피즐 외 5인,《디자인 씽킹, 비즈니스를 혁신하다》, 김시내 외 5인 역, 틔움출판, 2018.
- 벨라 마틴·브루스 해밍턴,《디자인방법론 불변의 법칙 100가지》, 유다혜 이유미·역, 고려 문화사, 2013.
- 앨런 쿠퍼 외 3인,《About Face 4 인터랙션 디자인의 본질》, 최윤석 외 3인 역, 에이콘출판, 2015.
- 데이비드 시베트,《비주얼 미팅(Visual Meetings)》, 유승연 역, 에이콘출판, 2015년

• **함께 적용하면 시너지가 나는 방법론 책**
이 책들은 디자인씽킹에 직접적으로 연결되어 있는 책은 아니다. 그러나 내가 보기에 이 책들에서 소개되는 방법론들은 이름만 다를 뿐 디자인씽킹과 동일하게 고객 중심의 철학을 가지고 있어 선정했다. 이 책들의 내용을 잘 융합하여 활용한다면 혁신 활동에 더욱 효과적일 것이다. 다만,

초반부터 여러 방법론을 융합하기보다는 디자인씽킹 방법론을 충분히 경험한 후에 다른 방법론까지 확대 적용하는 것을 권장한다.

- 콜린 브라이어·빌 카, 《순서파괴》, 유정식 역, 다산북스, 2021.
- Rocky, 《워킹백워드 워크북》, 시그나이터, 2021.
- 제이크 냅 외 2인, 《스프린트》, 박우정 역, 김영사, 2016.
- 에릭 리스, 《린 스타트업》, 이창수·송우일 역
- 조너선 라스무슨, 《애자일 마스터》, 최보나 역, 인사이트, 2012.
- 마이크 콘, 《고객중심의 요구사항 기법 사용자 스토리》, 한주영 외 역, 인사이트, 2006.